76のすごい言葉

伊庭正康
Iba Masayasu

できるリーダーは、「これ」しか言わない

PHP

．．．

😐：「先日お願いした資料の件、どんな感じかな？」

🙂：「すいません、まだやっていません」

😐：「あ、そうなんだ。でも、先週までだったよね？」

🙂：「すいません、忙しかったもので」

😐：（ここで強く言いすぎると、パワハラになるかもしれないしな……）「そうか。大変だよね。改めてよろしくね」

──翌日──

．．．

😐：「A社へ提案したあの件、どうなりましたか？」

🙂：「いえ、まだ返事がありません」

😐：「そろそろプッシュしてもいいんじゃないですか？」

🙂：「正直、プッシュしても難しいと思います」

😐：「……なるほど。じゃあ、B社はどうですか？」

🙂：「B社も今からでは厳しいと思います」

😐：（うーん、じゃあどうすればいいのか、自分で考えてほしいのだけど……）「ならC社はどうかな？」

．．．

:「……とまぁ、毎日がこんな感じです。強く言えばパワ
　ハラだと思われそうだし、かといって控えめにすると
　なかなか自主的に動いてくれない」

:「その悩み、とてもよくわかります。以前の私もまさに
　そんな感じだったので」

:「結局、自分ですべてやってしまうんですよね」

:「それもまったく一緒でした。部下に任せられないから、
　全部自分でやってしまう。だから、いつまでたっても
　仕事が終わらないし、部下も成長しない。悪循環です
　よね」

:「ほんと、それです！　いったい、どうすればこの状況
　から逃れられるんでしょうか?」

:「まず、上司は『頑張りすぎない』ことが大事です」

:「どういうことですか?」

:「自分が頑張りすぎるのではなく、部下に頼ってしまえ
　ばいいのです。そのほうが部下も成長しますし、自分
　のチームに対しての帰属意識も強くなります。すると、
　自分が何か指示をしなくても、メンバーが自然と動い
　てくれるようになるのです」

:「確かにそれは理想ですが、そんなにうまくいきますか
　ね?」

👓:「もちろん、時間はかかります。でも、それをショートカットする方法があるのです」

🙂:「それはいったい？」

👓:「普段の言葉の使い方です。メンバーに対してどのような言葉を使うか、どのように声がけをするか。それを少し変えるだけで、メンバーの意識は確実に変わってきます」

🙂:「それは、たとえば？」

👓:「先ほど、部下が資料を作っていなかったことに対して、『強く言うとパワハラになるかも』と悩んでいましたよね」

🙂:「つい『なんでできないんだ！』と責めてしまいそうになりますが、グッとこらえています」

👓:「それを『何があればできるかな？』に変えてみたらどうでしょう。これだと、部下は責められているとは感じないはずです」

🙂:「なるほど……それでいて、どうすればできるかを自分で考えさせることができるわけですね」

👓:「こうしたフレーズは他にもたくさんありますよ」

🙂:「ぜひ、教えてください！」

●リーダーになるのを避けていた自分

改めまして、こんにちは。研修会社を営む、研修講師の伊庭正康と申します。

ここに上げた上司の悩み、これはかつての私自身が抱えていた悩みに他なりません。

リクルートグループに営業マンとして入社した私は、リーダーになるのを徹底的に避けていました。一人で仕事をするほうが気楽で、リーダーになるなどとんでもない、と考えていたのです。

しかし、さすがに逃げられなくなり、意に反して営業マネジャーになることになりました。

営業マネジャーに就任した私は、自分自身が先頭を切って猛烈に働くとともに、メンバーに対しても同じような働き方を求めました。

しかし、だんだんとメンバーの顔が曇ってくるのを感じました。そしてついには部下から「誰も楽しそうに仕事をしていませんよ」と苦言を呈されることに……。正直、大きなショックを受けました。

●「リーダーは楽しい」

「さすがにこれではまずい」と痛感し、以後、私の周りにい

る優れたリーダーを徹底的に観察しました。

　すると、**できるリーダーの使っている言葉にはいくつもの特徴がある**ことがわかってきました。

　私は同じ言葉を自らも使ってみて効果を実感するとともに、ブラッシュアップして自分なりのノウハウにしていきました。

　すると、徐々にではありますが、メンバーの顔に生気が戻ってきたのです。仕事の効率が上がり、残業ゼロを実現。しかも、チームの成績も上昇していきました。

　あんなに忙しかった自分の仕事も、いつの間にかかなり減っていました。メンバーが自主的に動いてくれるようになったからです。

　そして、**あんなにいやだったリーダーの仕事がいつの間にか「楽しい」と思えている**自分に気づいたのです。

　本書で取り上げるのは、私がリーダーとして編み出してきた言葉、そして、その後、研修講師としてリーダーを育成する中で磨き上げてきた言葉です。

●言葉がけ一つで、チームは変わる

　上司がメンバーに気を使わなければならない時代です。メンバーに声をかけようとするたびに、「これを言って大丈夫

だろうか？」「パワハラにならないだろうか」と、恐る恐る話しかけている方も多いのではないでしょうか。

　しかし、それが面倒だからと、部下への声がけ自体を控えてしまっては、本末転倒です。やはりいつの時代も、リーダーの言葉は大事です。**リーダーの言葉だけが、メンバーのやる気に火をつけます。**

●効果絶大な「魔法のフレーズ」

　本書でご紹介するのは、伝えるべきことがきちんと伝わり、かつ、メンバーのやる気を削ぐことなく、むしろ自主的に動きたくなるような「魔法のフレーズ」です。

　その効果は実証済み。確実に効果が出ることをお約束します。

　もちろん、自分なりの言葉にアレンジしていただいてもOK です。昨今は部下に対しても敬語を使うことが求められる企業も増えていますから、その場合はより丁寧な言い回しにするとよいでしょう。重要なのは、自分自身がしっくりくる言葉にすることです。

　本書はシリーズ累計 20 万部を突破した『できるリーダーは、「これ」しかやらない』の姉妹本的な位置づけになります。ただ、前著を読んでいただかなくても、1 冊で十分理解でき

る内容になっています。

　むしろ、「即効性」という意味では、本書のほうがより早く、効果を実感していただけるかと思います。

　本書が「忙しすぎるリーダー」の方の一助となれば幸いです。

　2023 年 9 月

伊庭正康

Chapter 2

第**2**章 部下の
本音を引き出す
言葉

第**3**章 議論や会議を「超生産的」にする言葉

Chapter 4

第**4**章 チームの
思考レベルを上げる
「フレーム」の言葉

Chapter 5

第5章 「この人についていきたい」リーダーの言葉

Chapter 6

第6章 響くほめ方、嫌われない叱り方

第**7**章 トラブルを防ぐ「リスクヘッジ」の言葉

NGワード

★コラム

第1章

メンバーが「自ら進んで動き出す」言葉

リーダーの言葉1つで 「指示待ち部下」はいなくなる

●「自己決定理論」があなたを救う

「自発的に動いてくれない」

「言われたことしかやってくれない」

　……そんな部下に悩んでいるリーダーは多いことでしょう。「指示待ち」の部下ばかりでは、あなたの仕事はいつまでたっても楽になることはありません。

　そんな人にぜひ知ってほしいのが、**「自己決定理論」**です。「人から言われたことではなく、自分で考え、自分で決めたことに人はコミットをする」という理論で、1985年にアメリカの心理学者であるエドワード・デシ氏とリチャード・ライアン氏が提唱し、一気に広まりました。

　この「自己決定感」を醸成するために有効な手段が、いわゆる「コーチングのGROWモデル」です。私も管理職時代、このGROWモデルにずいぶんと助けられました。

　このモデルに沿った話し方をすることで、**部下が自分で問題解決に向けて考えてくれて、最終的には「やってみたい」と言ってもらいやすくなる**優れものです。

● GROW モデルは強力だけど、覚えなくていい!?

　GROW モデルは以下の 5 つのステップから成り立っており、次のように順番に会話を進めていくだけです。

・G（Goal）問題の明確化　「○○について話し合おう」

・R（Reality）事実の確認　「現状を教えて？」

・R(Resource)問題解決の資源　「何があれば解決できる？」

・O（Options）対策の選択肢　「いくつか対策を出そう」

▼・W（Will）本人の意志　「どう？　やってみたいことある？」

　この流れで会話をすることで、**自然な会話で部下の「やってみたい」を引き出すことができる**のです。

　私はこの GROW モデルを研修でも教えているのですが、実践した多くの方から「部下の発言が変わった」「部下の目標に対するコミットが強くなった」「部下が自分で考えるようになった」などの声をいただきます。

　でも、ここまで説明しておいてなんなのですが、**GROW モデルを覚える必要はありません**。

　この章でご紹介するフレーズを使えば、そのまま GROW モデルに沿った会話ができるからです。そんな魔法のフレーズをご紹介しましょう。きっと、部下のポテンシャルをより引き出すことができるはずです。

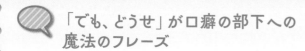
「本当は、どうしたい？」

こんな部下が
✕ 失敗を恐れ、やろうとしない部下

➡

こう変わる！
○ 解決に向け、前向きな対話ができるようになる

● 「3D」の部下をどうすればいい？

　何を問いかけても否定的な言葉で返してくる部下はいます。たとえば、残業が増えている部下に「残業をなくす方法を考えよう」と投げかけたとしても、「でも、自分には難しいです」「どうせ、できませんよ」「だって、仕事が多すぎますから……」と、まったく動こうとしない。

　こうした、いわゆる「3つのD」（でも、どうせ、だって）を言いがちな部下にぜひ使ってほしい魔法のフレーズがあります。それが、**「本当は、どうしたい？」**です。このひと言が部下の可能性を引き出します。

　会話としてはこんな感じ。

😎：「残業が増えているね。残業をなくす方向で考えない？」

🙂：「いや〜、難しいですよ。仕事は断れませんし」

😎：「そうか。でも、**本当は、どうするのがいいのだろうね？**」

🙂：「可能ならなくすべきとは思いますが、難しいですよ」

😎：「**本当は、どうしたい？**」

🙂：「そりゃ、なくすべきですよ。可能なら」

😎：「じゃ、なくす方向で一緒に考えない？」

🙂：「でも……」

😎：「私もなくしてほしいと思っているので、この機会に対策を話し合わない？」

　主体性を引き出す第一歩は、問題の認識を合わせることです。先ほど紹介した GROW モデルで整理すると、最初の Goal 設定（問題の明確化）のステップです。ここで問題の認識がすり合っていないと、会話が空回りしてしまいます。

「3つの D」を言いがちな部下に共通するのは、「自分ならできる」といった、いわゆる自己効力感が低いこと。だから、本当はやりたくても「できる」と思えないのです。

　だからこそ、「本当は、どうしたい？」と聞くことで、洞穴から出てこない部下を引っ張り出してあげましょう。これも上司に求められる対話の力です。

説明がアバウトすぎる部下に、
しっかり説明してもらう

「事実を時系列で
教えて？」

こんな部下が	こう変わる！
✕ いつも報告がアバウトな部下	○ ヌケモレのない報告ができるようになる

●なかなか原因が特定できない……

　詳しい経緯や理由を聞いているのに、ざっくりとしか答えてくれない部下はいませんか。取引先からのクレームの原因を知りたいのに、「急いで対応したのですが、難しかったです」としか答えてくれず、肝心の原因の特定がなかなかできないといったケースです。

　でも、イラだつ必要はありません。ここでお勧めのフレーズが**「事実を時系列で教えて？」**です。では早速、会話例を見てみましょう。

👩：「すぐに謝罪をしたのですが、ダメでした」

👩：「では、**事実を時系列で教えてもらっていい？**」

🧑：「今週の月曜、ABC商事から連絡をいただき、在庫はあると回答しました」

👩：「ＡＢＣ商事のどなた？」

🧑：「山本様です」

👩：「なんの連絡だったの？」

🧑：「在庫の確認でした」

👩：「そんな感じで**細かく時系列で教えて。それで？**」

🧑：「はい。火曜に10個の発注をいただき、木曜に納品をしました。その際、2つの包装材が破れていたとクレームをもらったのです」

👩：「木曜にね。それで？」

🧑：「はい。すぐに訪問し、お詫びしました」

👩：「**すぐとは？**」

🧑：「訪問したのは、週明けの火曜です」

　このように、まずは「時系列で教えて？」と聞き、そこで出てきたあいまいな表現に対しては、**「すぐとは？」**などと、**確認をしながら聞く**といいでしょう。

　最初はストレスがたまることもあると思いますが、必ず部下は成長します。教育だと思い、まずは聞き役に徹してみてください。

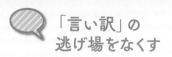
「もっと、教えて」

こんな部下が	こう変わる！
✕ すぐに言い訳をする部下	◯ 言い訳ができないことに気づく

●徹底的に言い訳させよう！

　単に事実を確認しようとしているだけなのに、すぐに言い訳を始める部下はいませんか。時間に間に合わなかったことに対して「忙しくて」、クレームの理由が聞きたいのに「そもそも相手が無茶な要求をしてきて」など……。

　つい「言い訳するな！」と言いたくなりますが、ここは発想を逆転させましょう。

　むしろ、**「もっと、教えて」** というフレーズで、徹底的に言い訳させるのです。言い訳をするほどに「逃げ場」がなくなる、上司が知っておきたい対話術の１つです。

　以下はクレーム対応が遅れたケースでの会話例です。

😀：「なぜ、すぐに謝罪に行けなかったの？」

😟：「週末ギリギリだったので対応できなかったんです」

😀：「確かに休みの日は対応できないよね。じゃあ、**もっと教えてもらっていい？** 週末はどんな状況だったの？」

😟：「終わらせなきゃならない仕事で手いっぱいでした」

😀：「週末は忙しいからね。だとしたら、誰かに相談するという手もあったと思うのだけど、何かできない事情があったの？ **教えてもらっていい？**」

😟：「……そうは言いますが、相談するのも簡単ではないですよ。皆さん、忙しそうでしたし……」

😀：「**忙しいので、とはどういうこと？ もっと教えて？**」

😟：「忙しいから、他の人にお願いするのは無理だと判断したのです」

　このようにひたすら言い訳をさせることで、「忙しいのはわかっていたのに、人に頼めなかった」という原因が見えてくるわけです。

　ただ、聞き方によっては詰問のようになってしまうので、決して否定的な言葉を使わずに、共感しながら**本当のことがわからないので、教えてもらう**といった姿勢で接するのがカギです。

部下の「無理です」を
封印する

「何があればできるかな?」

こんな部下が		こう変わる!
✖ 失敗を恐れて動かない部下	→	◯ 解決志向で考えられる人になる

●誰だって「失敗」はしたくないけれど……

やるべきことはわかっている。でも、自分からはやろうとしない。そんな部下は多いと思います。

その理由として多いのが「**失敗したくない**」**という恐れ**です。人は「硬直マインドセット(フィックスト・マインドセット)」と「しなやかマインドセット(グロース・マインドセット)」に分かれ、特に「硬直マインドセット」の人は「失敗したくない」という恐れが強すぎて、自分から何かをやり出すことが苦手なのだそうです(p55 コラム参照)。

ならば、その「失敗への不安」を取り除いてあげればいいのです。その際のとっておきのセリフがこの「**何があればで**

きるかな？」です。

　以下は、資料作りが間に合わなかったことに対して、マーケティング部に頼むことを促す場面です。

....

：「でも、マーケティング部の人はいつも忙しそうなので、頼んでも難しいと思いますよ」

：「では、**何があればお願いできるんだろう？**」

：「彼らの予定がわかれば、まだ頼みやすいんですが」

：「なるほど、じゃあ、**何があれば予定がわかるかな？**」

：「月初などに早めに予定を聞いておけば、向こうも受けてもらいやすくなるかもしれませんね」

　このように、部下の恐れていることを解消してあげましょう。これだけで、部下を解決志向に導きやすくなりますので、やらない手はありません。

　解決志向の会話に導くことも、上司の役割です。

one more phrase

「何があれば解決できそう？」

　もっと直接的に「何があれば解決できそう？」と聞いてみてもいいでしょう。より部下に「問題解決」を意識してもらいやすくなります。

なんでも「他責」にしがちな部下に
前を向かせる

「われわれができること
で考えない?」

こんな部下が		こう変わる!
✕ なんでも他責に しがちな部下	→	◯ 自分が できることを 考え始める

●経験の中から編み出したキラーフレーズ

　何を言っても、「そもそも、会社の方針がおかしいですよ」などと、自分の非を横に置き、他責にしがちな部下はいませんか。そんな部下への魔法のフレーズを紹介しましょう。**「われわれができることで考えない?」**です。

　私が講師を務める管理職研修でも、「これは使える!」とおおいに喜ばれているフレーズです。

　営業なのにいつも社内にいて、取引先への訪問がおろそかになっている部下がいたとします。理由を聞くと、「そもそも人手が足りなくて業務量が多すぎる」「アシスタントもいないので、すべて自分でやらなくてはならない」と会社への

批判のオンパレード。そんなときには、このひと言です。

😊：「**われわれができることで考えない？**」

　このひと言で、他責だったメンバーの意識が切り替わります。それでも言い訳をしてくるメンバーには、「では、われわれができそうなことを３つ考えた上で、良い案がないなら諦めよう」などと伝え、前を向かせるようにしましょう。

　実はこの言葉は、私が管理職時代に経験から得たものです。

　当時、なんでも他責にする部下がいました。どうしようかと悩む中、『７つの習慣』（スティーブン・R・コヴィー著、邦訳・キングベアー出版）という本の中で紹介されていた**「影響の輪、関心の輪」**を知りました。人生で成功する人は、「関心の輪（影響を与えられないけれど、関心のあること）」ではなく、「影響の輪（自分が影響を与えられること）」に焦点を当てるとの法則です。

　それを読んだ私は、「『関心の輪』にいるメンバーを『影響の輪』に引き入れなくてはならない」と考え、そこで編み出したフレーズが「われわれができることで考えない？」だったのです。効果はてきめん。今も研修講師として、各社で紹介する魔法のフレーズです。

　部下の人生を成功に導く一助になるはずです。

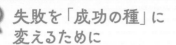
「今から考えると、どうすべきだったのかな?」

こんな部下が

✕ ケアレスミスが
多い部下

➡

こう変わる!

◯ 同じミスを
しないようになる

●自主的な工夫が裏目に……

「いったい、どうしてこんなことを……」と思いたくなるようなケアレスミスを繰り返す部下はいませんか。そんな人に効果的なセリフを紹介しましょう。**「今から考えると、どうすればよかったかな?」**です。

ある大手メーカーでの実話です。その会社では注文が入るごとに1つひとつのエクセルの帳票に手入力して書類を作成していました。

それを非効率に思った若手社員が「マクロを組めば作業が10分の1になる」と考え、自主的に簡易的なプログラムを作ったのですが、プログラムにミスがあり、間違った注文数

で発注する事態に。そのときのやりとりです。

....

:「本当に申し訳ございません」

:「私自身もちゃんと把握していればよかったのだけど、**今から考えると、どうすべきだったのかな？**」

:「先に課長に相談をするべきでした」

:「**というと？**」

:「何がリスクなのか、私のレベルでは把握しきれないことがあるからです」

:「確かに。**再発予防に向けて、何が必要ですか？**」

:「相談です。事前に相談するようにします」

　まどろっこしい、と思いませんか。「先に相談しなさい」とひと言伝えればいいだけの話だと。でも、あえて「今から考えると？」と尋ねることで、**今の自分と切り離して、客観的な視点で冷静に「考えさせる」ことができるのです**。ミスの再発防止にはこれが最も効果的です。

　この会話には続きがあります。上司はこう言ったそうです。「今の君はもう大丈夫だ。萎縮せず、どんどん挑戦してほしい。部下の失敗を謝るのも上司の役割だからね」

　きっと部下は、同じケアレスミスを起こすことなく、また新たな挑戦をしようという気になったでしょう。

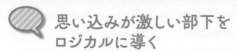

思い込みが激しい部下を
ロジカルに導く

「いいね！ 他にない？」

こんな部下が

✕ 思いつきで走る
考えない部下

→

こう変わる！

○ さまざまな
角度から
考え始める

●本当に「これしかありません！」なの？

　行動力はあるけれど、いつも「思いつき」で動いて失敗する部下……白状すれば、営業職をしていた20代の私がまさにそうでした。売上が足りないとなると、とにかく電話をかけまくる。準備もなしに片っ端から顧客に会いに行く。それで結果が出るわけがありません。

　かといって、せっかくの行動力を阻害してしまうのも考えものです。そんなときに使えるのがこのセリフ**「他にない？」**です。

　問題に直面した際に「何があればできるかな？」（p30）などと聞くと、思いつきで行動する部下は「○○しかありま

せん」といった答えを返してくることが多いもの。そこで、「他にない?」と聞いてみるのです。

　たとえば、「とにかく1人でも多くの顧客を回るしかありません」と言い張る部下に「他にない?」と尋ねてみると、「……準備をすることで、成約率を高めるという方法もあるかもしれません」といった回答が出てくるかもしれません。

　ここで終わらず、さらに**「いいね! 出てきたね。他にない?」**と聞いてみてください。すると、

- :「大口の顧客に集中するという手もあるかもしれません。あ、そういえばA社の担当者が新商品に興味があると言っていました」
- :「いっそ過去の顧客リストをチェックして、休眠客の掘り起こしに注力するのもアリかも」

などと、さまざまなアイデアが出てくるはずです。

　こうなれば、**「これしかありません」と周りが見えなくなっていた部下も、「他にも手があるかもしれない」と自分で気づくことができます。**

　リーダーはぜひ肯定の姿勢で「他にない?」と尋ねてみてください。すると、メンバーの視界が広がり、さまざまな選択肢を考える癖がつくはずです。

限界を超えてアイデアを引き出す
魔法のフレーズ

「選択肢を３つ
出してみない？」

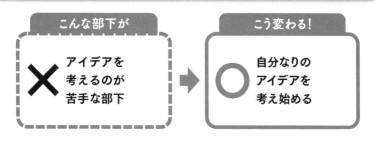

こんな部下が	こう変わる！
✕ アイデアを考えるのが苦手な部下	○ 自分なりのアイデアを考え始める

●上司が出していいアイデアは「1つだけ」

　前項の「他にない？」と同様に、メンバーの発想を広げる
ひと言がこの**「選択肢を３つ出してみない？」**です。

　以前、研修でこの言葉を使った非常に秀逸なロールプレイ
ングがあったので、そのままご紹介しましょう。

😎：「なるほど。営業目標を達成させるには、新たなリスト
　　　が必要ということなんだね」

🧑：「はい。リストがあれば達成の可能性が見えてきます」

😎：「では、どんなリストがいいのか、**選択肢を３つ出して
　　　みない？**」

:「先輩が当たれていないリストがあれば嬉しいです」

:「いいね。**他には？**」

:「え……。あ、個人ではなく、法人リストがあれば！」

:「いいね。**出てきたね！ 他にあるとすれば？**」

:「ちょっと出てこないです……」

:「**もうちょっと考えてみよう。あるとしたら？**」

:「……組合のリストがあれば、一網打尽にできるかも」

:「**いいね！ 他にある？**」

:「いえ、もう限界です」

:「**じゃ、この３つからベストを選ばない？**」

　いかがでしょうか。**強制的に「３つ」と縛りをつけること
で、どんどんアイデアを出さざるを得なくなるというテクニ
ック**です。

　それでも、部下からアイデアが１つも出ない場合もありま
す。そんなときは、管理職から「１つだけ」アイデアを出し
ても構いません。

　ただし、２つ目、３つ目のアイデアは、部下が考えるよう
に仕向けてください。そうしないと、本人の自己決定感を醸
成することができず、自分から動いてくれなくなってしまう
のです。

部下のズレた意見を
うまく修正する

「本当にそれがベスト？」

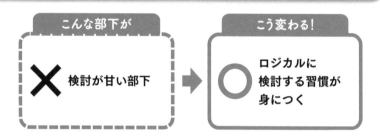

こんな部下が

✗ 検討が甘い部下

→

こう変わる！

○ ロジカルに
検討する習慣が
身につく

●「他にない？」とセットで使えば効果抜群

「他にない？」「選択肢を３つ出してみない？」とセットで
使ってほしい言葉がこの **「本当にそれがベスト？」** です。

「他にない？」と尋ねることで、選択肢を広げることができ
ました。今度は、その中から具体的な打ち手を決めてもらう
ことになります。

　具体的なシーンで見てみましょう。

😐：「いろいろな手が出てきたけど、どれが一番有効だと思
　　う？」

🙂：「そうですね。最近やっていなかったので休眠客の掘り

起こしは効果的な気がします。やってみたいです」

　ここで、「よし、じゃあやってみよう！」となるのはまだ早いです。

:「**本当にそれがベスト？**　というのも、休眠客になっていたということは、なんらかの理由があって取引が止まっていたんだよね。それはどう思う？」

:「うーん、確かに成約率は低いかもしれません。ならば確実性の高い他の方法のほうがいいのかな……」

　上司が答えを言わずとも、尋ねるだけでより深く考えさせることができるわけです。

　ある大手コンサルティングファーム出身の知人に聞いた話ですが、そのコンサルティングファームでは、新人に徹底的に**「他にない？」「本当にそう？」という問いかけをすることで、ロジカルに考える習慣を身につけさせる**そうです。

　忙しい日常を送っているとつい、目先の解決策に飛びつきがち。そうした部下がいたらぜひこの「本当にそれがベスト？」という言葉を投げかけてみてください。

「本当にベストなのか？」と考え抜く習慣は、部下ができる人材に生まれ変わる大きなカギとなります。

上司が答えを言うのではなく、
あくまで「自分で考えさせる」

「じゃ、どうしようか?」

こんな部下が	こう変わる!
✕ すぐ上司に答えを求める部下	◯ 自分から「こうしたい」と言える人になる

●自分が選びたくなってもぐっと我慢

　メンバーから案が出てきたとき、つい上司としては「じゃあ、こうしよう!」と言いたくなると思います。

　しかし、答えを言うほどに、部下は上司に依存するもの。

　だからこそ、そこをぐっとこらえて、こう聞いてください。

「じゃ、どうしようか?」

:「いいね。対策がいろいろ出てきたね。じゃ、この3つからベストを選ばない?　どうかな?」

:「A案なら、一発逆転ができるかもしれません」

:「じゃ、どうしようか?」

：「そうですね。早速資料を作成したいと思います」

：「**納得感ある？**」

：「そうですね。今の段階では、ベストだと思います」

：「**いいね。じゃ、今後のスケジュール、どうしようか？**」

：「では、木曜日から動きたいと思います」

　ここで大事なのは、メンバー自身の口から「……したいと思います」という前向きな言葉を引き出すことです。これにより、上司の指示ではなく「自分がやりたいと思ったこと」になります。まさに「自己決定感」が得られるようになるのです。

　以前観たNHKの番組「プロフェッショナル　仕事の流儀」の一幕で、星野リゾートの星野佳路社長が部下に「で、どうしますか？」と何度も問いかけている印象的なシーンがありました。

　もちろん、星野社長が指示を与えることは簡単なはず。それでも「どうしますか？」と尋ね続けるのです。部下はこう言います。「社長は、私たちを主役にしてくれる」と。

　仕事の主役は「上司」ではなく、「部下」です。

「で、どうしますか？」「じゃ、どうしようか？」というセリフはまさに、部下を主役にするキラークエスチョンです。ぜひ、活用してみてください。

最後のツメが甘いと、
今までの努力はすべて無に帰す

「もし、うまくいかないと したら何がある?」

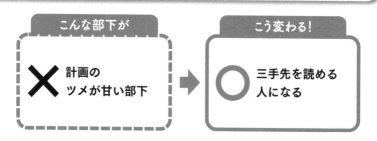

こんな部下が		こう変わる!
✕ 計画の ツメが甘い部下	→	◯ 三手先を読める 人になる

●普段は楽観的でも、計画はあくまで「悲観的」に

　仕事を任せると、なぜか必ずヌケモレが発生する、いわゆる「ツメの甘い人」はどこにでもいるものです。いつも日程ギリギリになって、「急遽、○○が発生してしまい、計画どおりにできませんでした」。せめてもっと早く言ってくれよ、という話です。

　そんなメンバーに対しては、**「アレはやった?」「コレはどう?」と細かくチェックしたくなりますが、これは得策ではありません。**上司が細かい指示や確認まですることを「マイクロマネジメント」といいますが、これは部下の主体性を著しく奪ってしまうからです。

44

　代わりに使ってほしいのがこの**「もし、うまくいかないと
したら何がある？」**というセリフです。

・・・

😊：「では、法人顧客リストを探し、来週には案内を開始で
　　　きるようにします」

😄：「**了解。時間も限られているので、想定されるリスクを
　　　整理しておかない？　もし、うまくいかないとしたら
　　　何がありそう？**」

😊：「そもそもリストが見つからないかもしれません」

😄：「**確かに。他にもありそう？**」

😊：「そうですね……。見つかったとしても、どのように案
　　　内すべきかを最初に決めておかないと、時間の無駄が
　　　発生しそうです」

😄：「**OK。では、それらの予防策を事前に考えておかない？**」

😊：「そうですね。一度、整理してみます」

　京セラ創業者の稲盛和夫さんの有名な言葉に「楽観的に構
想し、悲観的に計画し、楽観的に実行する」というものがあ
りますが、「ツメの甘い人」はまさにこれと逆になってしま
っています。「もし、うまくいかないとしたら？」という質
問で悲観的に計画してもらい、最後は再び楽観的に実行して
もらえばいいのです。

「どう？
不安な点はない？」

こんな部下が		こう変わる！
❌ なんとなく不安を感じている部下	→	⭕ スッキリとした気分で挑戦できる

●疑問だけでなく「不安」も吐き出してもらおう

　誰だって失敗は怖いものですが、いわゆる「Z世代」は特にその傾向が強いようです。日本能率協会マネジメントセンターが実施した「イマドキ新入社員意識調査2021」によると、**「Z世代の8割は失敗をしたくない」**と考えているそうです。

　もっとも、失敗が怖いのはどの世代も同じこと。だからこそ、ぜひ多用してほしいフレーズがあります。それは**「どう？不安な点はない？」**です。

　説明する際、指示する際、やるべきことを決めてもらう際などあらゆる場面において、このセリフを最後にひと言、つけ加えるのです。

　実際、上司の指示を部下がよくわかっていないということ
は多いですし、わかっていても細部に不明点がある場合もあ
ります。ただ、自分から切り出すのは、特に若手にとっては
勇気がいることです。そこで、この質問で遠慮なく発言して
もらうようにするのです。

　引き出すのは疑問点や不明点だけではありません。「不安」
を引き出すのも１つの役割です。

😊：「本当にできるかどうかわかりません」

😊：「間に合うかちょっと不安です」

　こうした不安を引き出すことができれば、それに対して指
導やアドバイスもできます。こうすることで、メンバーの「失
敗するかもしれない」という不安を軽減することができるの
です。

「とにかくやらせてみて、失敗してこそ、人は学べるものだ」
というポリシーを持つ人もいると思います。実際、そのよう
に育てられてきた人も多いでしょう。

　でも、今の若手の育成において、全員にその手法は使えま
せん。相手によっては、**なるべく失敗させないこと**も指
導法の１つです。不安を感じやすい部下にはこのモードで接
することも、今どきのマネジメントです。

「感想を聞かせて」

こんな部下が	こう変わる！
✗ 常に納得して いなさそうな 部下	○ 言いたいことを 言い、 納得した状態に

●質問がどんどん出てくる魔法の言葉

　これは私が研修講師としてよく使うテクニックです。

　講義が終わったあと、「何か質問ありますか？」と聞いて
も、なかなか出てこない。でも、実際にはどうも納得してい
ない人が多いように見える。そんなときはまず、**「感想を聞
かせてください」**とお願いして、何人かの人を名指しして、
感想を言ってもらいます。そして、その後改めて、**「何か質
問はありませんか？」**と聞くと、今度は7～8割の方から次々
と質問があがってくるのです。

　これはいわゆるオートクライン効果（自分が口にすること
で、気づきを得る効果。p54）が働くからだと考えられます。

感想を口にしたことで、あるいは自分が指名されるかもしれないと頭の中で感想を整理したことで、聞きたいことが出てきたということでしょう。

さて、これはあくまで研修のテクニックではあるのですが、部下指導の現場でも応用できます。

指示を伝えたけれど、どうも納得しているように思えない部下。「できます」とは言っているけれど、どうも不安そうな部下。でも、「何か不安な点はない?」と聞いても、「特に大丈夫です」と答えるだけ。

そんな場合にこの「感想を聞かせて」というセリフを使うのです。

👓:「今、説明したことについてどう思う?　感想を聞かせて」

😐:「どんなことでもいいので、今、思っていることを聞かせてもらっていい?」

このような言葉でまずは**「感想」を語ってもらいます。そしてその後、「何か質問ある?」「何か不安な点はない?」と聞くと、疑問や不安がどんどん出てくる**のです。

失敗を恐れる新人はもちろん、なかなか本音を話してくれないタイプの部下にも有効なセリフです。

「もし、あるとしたら?」

こんな部下が ✕ なかなか質問を してこない部下 → **こう変わる!** ○ 積極的に 質問し始める

●私が管理職のときに使いまくっていたセリフ

部下から意見を引き出そうにも「特にありません」。不安な点を聞いても「特にありません」。思わずちょっとイラっとしてしまう瞬間です。そんなときは、**「もし、あるとしたら?」** というセリフを重ねることで、部下の「特にありません」を封印することができます。

実際、私も管理職のときにこのセリフを使いまくっていましたし、今なお研修講師として受講者から質問を引き出す際にも使いまくっています。実際、8~9割の人はなんらかの質問をしてくれる、まさに魔法のフレーズです。

実際の使い方としては、こんな感じです。

👓：「この計画について確認したいことはありますか？」

🧑‍🦰：「特にありません。大丈夫です」

👓：「もし、あるとしたらでいいのですが、実践するにあたって『聞いておいたほうがいいかも』ということはないですか？」

🧑‍🦰：「……そうですね。進捗確認はどのタイミングで行えばいいですか？」

👓：「確かにそれは重要ですね。毎週、月曜にミーティングをしようと考えていますが、いかがですか？」

　このように「もし、あるとしたら？」という質問によって、相手の思考の枠組みを広げることができます。「特にありません」を許さないようにするのも、部下への教育の1つです。

keyword

As-if 質問

　実はここで紹介したテクニックは、「As-if 質問」と呼ばれる技法です。「もし、○○だとしたら、どうですか？」といった投げかけをすることで、相手もつい答えたくなります。これを応用し「もし買っていただけるとしたら、どの商品になりますか？」などと問いかけることで買う気にさせる営業テクニックも存在します。

「無理です」という逃げ道を封鎖する
キラーフレーズ

「何が制約に なっている?」

こんな部下が	こう変わる!
✕ 「無理です!」と 諦めがちな部下	◯ ボトルネック (制約条件) を 整理し始める

● 「制約を外せ」と言われて、外せる人はいない

　何をお願いしても「できません」「無理です」と逃げ腰の
メンバー、いると思います。

　無理だと考えるのは、何かしらの制約があるからでしょう。
とはいえ、「制約を外して考えてみて」と伝えたところで、「現
場を見てくださいよ。とても無理です」と返ってくるのがオ
チ。**大事なのはまず、制約を明確にすること**です。

　以下は、忙しいことを理由に有給休暇を取得しない部下と
の会話例です。

　😊:「Aさん、有給休暇の取得が進んでいませんが大丈夫?」

😊：「さすがにこの時期に休みを取るのは無理ですよ」

😎：「確かに忙しいよね。だからこそ、ちょっと制約を明確にしてみない？　休みを取るには**何が制約になっている？**」

😊：「そうですね。急ぎの業務量が多いことだと思います」

😎：「**業務量を減らすことができればいいんだね？**」

😊：「そりゃそうですけど、無理ですよ」

😎：「**業務量を減らせないのは、何が制約になっている？**」

😊：「任せられる人がいないことです」

😎：「**なぜ、任せられる人がいないんだろう？　制約になっているのは何？**」

😊：「みんな忙しそうで、仕事が頼みにくいというのはあります」

　こうして「制約」が見えてくれば、課題解決への道も見えてきます。「1人ひとりの仕事量を明確にする」「仕事を頼むときのルールを決める」などです。

　名経営者として知られるブリヂストン元CEOの荒川詔四氏は、こんなことを言っています。

「『制約』が明確になるからこそ、柔軟な思考が可能になる」（『参謀の思考法』ダイヤモンド社）

「制約を明確にする」ことがいかに大事かがわかります。

オートクライン効果

★答えは部下自身に出してもらうべき

部下に自ら動いてもらうために重要なのは「自分で気づかせる」ことです。たとえば、p26の例では、「すぐに訪問し、お詫びしました」と言う部下に、上司が「すぐとは？」と聞いたところ、訪問したのが週明けの火曜日だったことが判明しました。

このように時系列で細かく聞いていったのは、部下が自分の口で説明することで、部下自らが原因に気づくことができるからです。

このケースであれば、おそらく部下は自分で話しながら、「確かに火曜日に謝罪に行ったのでは遅かったな。金曜日には対応すべきだったかも……」と気づけたのではないでしょうか。

このように、自分が口にすることで、気づきを得る効果を「オートクライン効果」といいます。

つまり、自らの言葉で自らに影響を与えるということです。元々は生物学の用語で、「自己分泌」という意味なのだそうです。

答えを知っている上司はすぐにその答えを部下に提示したくなります。しかし、実際には時間がかかっても自ら気づいてもらうほうが、部下に自ら動いてもらうという点では効果が大きいのです。

★ column

しなやかマインドセット

★「恐れ」があると、人は挑戦できない

人には2種類の「マインドセット」があるといわれています。

1つは自分の能力は運命であり変えることはできないという、運命思考の「硬直マインドセット（フィックスト・マインドセット）」。もう1つは、「じゃ、こうすればいいか」と解決志向で考える「しなやかマインドセット（グロース・マインドセット）」。

提唱者は、スタンフォード大学の心理学の教授、キャロル・S・ドゥエック氏。彼女の著書『マインドセット 「やればできる！」の研究）』（邦訳・草思社）には、次のようなことが書かれています。

「硬直マインドセットの人は、本気で努力をするのが怖い。失敗したら自分の能力不足が露呈すると考える。しなやかマインドセットの人にとって失敗は教訓でしかない」

硬直マインドセットの人に対しては、「何があればできるかな？」といった言葉で自らの口から解決策を導き出させることで、「もし、失敗したら」という恐れを取り除いてあげることが重要なのです。

部下はもちろんですが、あなた自身もどちらのマインドセットの傾向が強いのか、一度チェックしてみるといいでしょう。

「それって○○だから?」

●答えがわかってもぐっとこらえる

　部下のやる気を引き出すには、「自分で答えを見つけてもらう」ことが不可欠だと何度も申し上げてきました。その対極にある言葉がこれ。

　部下と話していると、自分の中に「答え」が出てくることはしばしばあるはずです。上司である自分のほうが経験が多いのですから、当然です。

　でも、そこで、

「それって○○だから?」

「それってこういうことでしょ?」

　と、答えを先に言ってしまってはいけません。部下にとってそれは「与えられた答え」になってしまい、本気で自主的に打ち込むことができなくなるからです。

　また、「黙っていればいずれ、上司が答えを出してくれる」という甘えにもつながります。

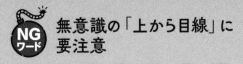

NG ワード 無意識の「上から目線」に
要注意

「そうだよね」

第**1**章

● メンバーが「自ら進んで動き出す」言葉

●意識せず「上から目線」になってしまう？

　そんな気がないのに、なぜか「上から目線」のニュアンス
を与えがちな人がいます。特に気をつけてほしいのが「あい
づち」です。

　以下の２つを比べてみて、どう思いますか？

「先週、帰省したのですが、渋滞に巻き込まれて大変でした。
お盆に帰るのは大変ですね」

①「そうだよね」

②「そうなんだ」

　①は意識せず「そんなことくらい自分も知っている」とい
うニュアンスが出てしまいます。

　一方、②はそうしたニュアンスがありません。そして、「そ
うなんだ」と受けることで、相手はさらに「だから結局、高
速道路を諦めて……」などと、もっと話してくれるかもしれ
ません。

第2章

部下の本音を引き出す言葉

「心理的安全性」が
すべてのカギとなる

●グーグルが証明した「心理的安全性」の重要性

「心理的安全性」という言葉を聞いたことがある、という方は多いでしょう。人材育成や組織論の世界で大きく注目されているテーマです。**年齢や立場にかかわらず、誰もが自由に考え、本音で何を言っても許され、安全が担保される環境のこと**を指します。組織行動学の研究者である米・ハーバード大学のエイミー・エドモンドソン教授によって提唱された概念です。

　この心理的安全性が大きく注目されるきっかけとなったのは、グーグル社が 2012 〜 15 年の間に行った「プロジェクトアリストテレス」です。生産性向上に寄与するものは何かを導き出すために行われたこのプロジェクトの結果が、「チームの生産性を高めるための第一の要素が、心理的安全性である」というものだったため、一気に注目が集まったのです。

　では、あなたのチームは、「心理的安全性」が確保されているでしょうか。あくまで私の経験則ですが、以下のような相談を部下がしてくるような組織は、心理的安全性が高い傾

向があります。

「会社を辞めようか迷っているのですが、どう思いますか？」

「今のままでは成長できないと思っていて、他の部署に異動できないでしょうか」

「○○さん（あなた）、もう少し部下の話を聞く時間を持ったほうがいいと思いますよ」

　いかがでしょう。ひょっとしたら、「むしろチームの心が離れている証拠では？」と思ったかもしれません。しかし、こうした「耳の痛い話」をちゃんとしてくれる組織こそが、「心理的安全性」の担保された組織なのです。

●「上司は完璧であるべき」という幻想

　実は上記のセリフは、実際に私が部下から言われたことのある言葉です。

　言われたときはショックでしたが、こうして本音を打ち明けてくれたことで、「まさか……知らなかった」という事態を防ぐことができたと感謝しています。

　大事なのは**「上司は完璧でなくてはならない」という幻想を捨て去ること**だと思います。その思いがあるとどうしても、部下に威厳を示そうとしたり、力で組織を押さえつけたりしようとします。しかし、そんな組織では誰も何も言わなくなり、当然、心理的安全性も確保されません。

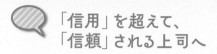

「信用」を超えて、
「信頼」される上司へ

「あなたがいてくれて
助かる」

こんな状況が	こう変わる！
✕ 部下との距離を少し感じる	◯ この上司は「自分の味方」だと感じてくれる

●報告してくれた際に、スマートに伝えたい言葉

　チームの心理的安全性を高めるにあたり、もちろんテクニックも大事ですが、やはりものをいうのは普段からの関係性です。

　信頼できる関係性を築くにはもちろん、時間がかかりますが、それをショートカットできる方法があります。それが「**あなたがいてくれて助かる**」というセリフ。この言葉を折に触れて明確に伝えることです。

　ただ、この言葉は非常に重いので、口先だけではリップサービスだとすぐに見透かされてしまいます。お勧めは、なんらかの報告をしてくれた際に伝えることです。

🧑：「教えてくれてありがとう。○○さんがいてくれて本当に助かるよ」

👩：「正直に話してくれてありがとう。○○さんの存在には本当に助かっています」

　この積み重ねが徐々に、心理的安全性を作っていきます。

　そのためにも上司は、部下を信頼できる人でなくてはならないのです。そう思えるようになるのは「上司としての意志」でしかありません。意志を持ち、そのセリフを伝える習慣を身につけておきましょう。

keyword

上司との関係性　5つのレベル

　NLP（神経言語プログラミング）の理論によれば、関係性にはレベルがあります。

Lev.1　警戒の関係（まだ、上司に警戒心を持っている）
Lev.2　安心の関係（上司への警戒心は持っていない）
Lev.3　親和の関係（話しやすい上司と思ってくれている）
Lev.4　信用の関係（キチンとやってくれる上司と思っている）
Lev.5　信頼の関係（どんなときも自分の味方になってくれる上司）

　もちろん、目指すは「Lev.5　信頼の関係」です。そして、その究極の形が「会社を辞めようか迷っているのですが、どう思いますか？」といった、デリケートな相談さえも受けられる状態なのです。

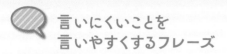
「知っておいたほうが いいことある?」

こんな状況が		こう変わる!
✕ 部下にとって 職場に相談できる 人がいない	→	◯ 上司が部下の 「本当の相談役」 になれる

●どんな部下にも「言いにくいこと」はある

　自分の悩みや心身の状態はもとより、業界の悪いうわさ話や同僚のちょっと懸念される行動など、「伝えたいけれど、伝えにくい」ということは誰しもあるものです。

　しかし、それを上司が知らないでいると思わぬリスクになることもあります。

　そんなときに使えるセリフがこの**「知っておいたほうがいいことある?」**です。これは、以下のような場面で使うのが効果的です。

👩：「最近忙しそうだけど、私が**知っておいたほうがいいこ**

とはある？　あれば教えてほしい」

😊：「そうですね……最近、身体が少しだるいです」

😊：「どんな感じ？」

😊：「言うほどではないのですが、寝不足気味で……」

😊：「そうなんだ……どんな感じなの？」

😊：「翌日の仕事のことを考えると気になって寝られないん
　　　ですよね」

　なかなか言い出しにくいことを、このような会話で自然と
聞き出すのです。

　それが部下を守ることになり、チームを守ることにもなる
のです。

keyword

トライアンギュレーション

　組織開発研究の第一人者である立教大学の中原淳教授は、部下の
ことを正確に把握するためには「面談で知る」「観察を通じて把握
する」「第三者（他の部下）から情報を得る」の3つの情報を得る
べきだと説いています。この手法を「トライアンギュレーション」
と呼びます。ここで紹介した「知っておいたほうがいいことある？」
は、「第三者（他の部下）から情報を得る」ために使えるセリフで
もあるのです。

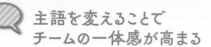

「われわれの仕事を」

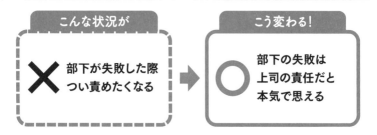

こんな状況が	こう変わる！
✕ 部下が失敗した際 つい責めたくなる	○ 部下の失敗は 上司の責任だと 本気で思える

●知らず知らずの「上から目線」に注意

心理的安全性の高いチームを作り上げたいなら、意図的に「主語」を変えることが有効です。具体的には「私」でも「あなたたち」でもなく **「われわれ」** という言葉を使うようにするのです。

たとえば、残業を減らそうという方針を伝える際。

:「**君たちの仕事を見ていると、まだまだ改善の余地があると思う。対策を考えよう」**

この主語を「われわれ」に変えてみると、どうなるでしょ

うか。

:「**われわれの仕事を見ていると、まだまだ改善の余地が あると思う。対策を考えよう**」

どうでしょうか。主語を「われわれ」に変えただけで、上 から目線の印象がなくなり、「自分も含め、みんなで一緒に 考えよう」という雰囲気になったはずです。

1人の部下に注意をする際にも、「われわれ」は使えます。 たとえば、「同じようなミスを（あなたが）繰り返さないよう、 対応策を考えておいてほしい」ではなく、

:「**同じようなミスをわれわれが繰り返さないよう、対応 策を考えておいてほしい**」

とすることで、印象がずいぶん変わります。

実はこの言い換えは、できるリーダーの多くがこっそりや っている裏ワザです。たとえば会社の方針を伝える際も、**「今 期の会社の方針は」ではなく、「今期のわれわれの方針は」 とすることで、自然と一体感を生み出しています。**

部下の失敗は上司の責任であり、部下の成功は部下の手柄。 そう考えるきっかけにもなることでしょう。

「弱みを見せる上司」のほうが、
むしろ信頼される

「助けてもらっていい?」

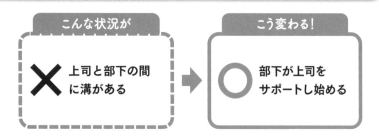

こんな状況が	こう変わる!
✕ 上司と部下の間に溝がある	◯ 部下が上司をサポートし始める

●上司の印象がガラッと変わったある会話

　部下がなんでも話せるような環境作りをするにあたっての秘策があります。それは**「上司が先に弱みを見せること」**。

　そんなことをしたらなめられてしまうのでは……。そう思う人もいるかと思いますが、むしろ、逆です。

　これは以前、私が上司とトイレで鉢合わせになったときの会話です。

　　:「お疲れ!　そうだ、伊庭に話がある」

　　:「はい」

　　:「最近、俺が見えていないことも多いと思っているんだ。

現場の最前線をよく知る伊庭に **助けてほしいと思って
いる。今度の面談で、伊庭が感じていることを教えて
もらっていいかな？**」

😊：「私でできることであれば、なんでも」

😎：「よろしく」

　お互いが手を洗っているときの何気ない数秒の会話でした
が、上司に対する印象はガラリと変わりました。

　それまではどちらかというとちょっと緊張しながら接して
いたのですが、上司が自分から「自分も見えていないことが
ある」と本音を話してくれたことで、ぐっと親近感が湧いて
きたのです。

　また、自分が「助ける」という役割を期待されていること
もわかったため、その後は積極的に発言することを心がける
ようになりました。

　この例よりももっと直接的に **「助けてもらっていい？」「困
っているんだ」** と伝えてしまってもいいでしょう。そんな上
司に対してメンバーは親近感を覚え、自分も本音で接しよう
と思ってくれるはずです。

　今の時代、強さだけではリーダーは務まりません。部下と
上司といえども「人」と「人」。部下は役職ではなく人柄に
ついていくものです。

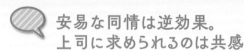

安易な同情は逆効果。
上司に求められるのは共感

「困っちゃうよね」

こんな状況が		こう変わる！
✕ 部下が委縮しがち	→	◯ そんな部下が本音をどんどんと語り始める

●「あなたが悪いのでは？」をぐっとこらえて

　部下の本音を引き出すために、上司には「共感しながら聞く」というスキルが必要になります。しかし、時には「どうしても共感できない」こともあるでしょう。

「『顧客が理不尽なクレームをつけてきた』って、あなたのぶっきらぼうな対応にも問題があったんじゃないか？」

「ミスをしたのは確かにあなたの部下だけど、それを防げなかったあなたにも問題があるんじゃないか？」

　このように自分基準で判断してしまうことを「ブロッキング」といいます。しかし、当然ながら、これをそのまま口に出してしまうと、チームの心理的安全性は保たれません。

かといって、「そのとおりだね」などと適当なあいづちを打ってしまうと、部下は「自分は間違っていない」と思い込んで、再び同じことを繰り返してしまいます。

そんなとき、とりあえず口にしてほしい言葉があります。それが**「困っちゃうよね」**です。

以下は、重要な商談のアポイントを反故にされた部下との会話です。

👩：「すみません！　アポイントをすっぽかされました」

🧑：「え、何があったの？」

👩：「きちんと時間が伝わっていなかったようで……」

🧑：「**そりゃ、困っちゃうよね**。どうしてそうなったのかな？」

「ちゃんと時間の念押しをしなかったあなたにも責任があるのでは？」という言葉をぐっとこらえて、とりあえず「困っちゃうよね」と受ける。

そして、そのあとで原因追究を行い、必要ならば反省してもらう。この流れが重要なのです。

そうすることで、部下は安心して上司にいろいろな相談を本音でできるようになるのです。説教するよりも「共感」してくれる上司がうまくいくのは、このためです。

部下との会話がなんとなく弾まないな、
と思ったら

「どんな？」「どうして？」
「どのように？」

こんな状況が

✕ 常に部下が
聞き役に
なっている

➡

こう変わる！

◯ 積極的に
部下がいろいろと
教えてくれる

●未来のリーダーの仕事とは？

「過去のリーダーの仕事は『命じること (tell)』だが、未来のリーダーの仕事は『聞くこと (ask)』が重要になる」と説いたのは、マネジメントの大家、ピーター・ドラッカーです。「聞く」ために重要になるのが「**どんな？」「どうして？」「どのように？」**という、いわゆる「ど」のつく言葉です。

ちなみに「忙しいの？」「大丈夫？」など、「はい／いいえ」や単語で答えるような質問を「限定質問」と呼びます。それに対して、自由に言いたいことを述べられる質問を「拡大質問」と呼び、「ど」のつく質問はまさにこの「拡大質問」です。

一般的にはよく「話を広げたかったら拡大質問を使うべき」

などといわれますが、実際には「使い分け」が有効です。会話例を見てみましょう。

・・・

😊：「やはり忙しいの？」（限定質問）

🧑：「はい。期末ですから。仕方ないです」

😊：「そうか。どんなことで忙しいの？」

🧑：「お客様の駆け込みの注文が多く、対応に追われています」

😊：「駆け込みか……。確かにそれは忙しくなるね。ところで、どうして駆け込みになってしまうの？」

🧑：「お客様が締め切りギリギリまで判断を待たれるからです」

😊：「現場を知る○○さんにぜひ教えてほしいのだけど、どのようになるのがベストなのかな？」

🧑：「駆け込みが少しでも解消できれば嬉しいですけどね」

😊：「確かにね。どんなことがあれば解消できそう？」

🧑：「締め切りを分散させることができればいいかもです」

　コツはこのように「限定質問」をしたあとに、「拡大質問（3つの「ど」を使う）」で会話を展開することです。

　今の時代、上司が部下に教えるだけではなく、上司には部下から教えてもらう姿勢が求められるのです。

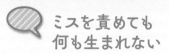

「どんな理由が
あったの?」

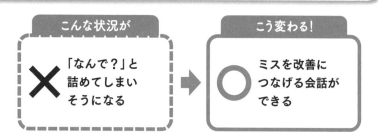

こんな状況が		こう変わる!
✕ 「なんで?」と 詰めてしまい そうになる	➡	○ ミスを改善に つなげる会話が できる

●「なんで+否定」は使ってはならない

「今日中にお客さんに連絡をすると言っていたのに、1週間
たってもまだ何もしていなかった」

「何度も言っているのに、なぜか時間を守れない」

　思わず「なんで連絡しなかったの?」「なんで時間を守れ
ないの?」と問い詰めたくなる場面です。

　しかし、このような**「なんで+否定」の質問はできるだけ
避けましょう**。単に理由が知りたいだけだったとしても、相
手はミスをなじられているような気になるものです。

　なぜなら、**「なんで+否定」の質問には「当然やるべきだ」
というニュアンスが入っている**からです。英語の「why not」

に、「もちろん」というニュアンスがあるのも、同じ理由からでしょう。

　代わりに使うべきは**「どんな理由があったの？」**というひと言です。

:「連絡しなかったのには、**どんな理由があったの？**」
:「時間を守れなかったのには、**どんな理由があったの？**」

　どうでしょう。ほんのわずかな違いではありますが、これだと責めているというより、「純粋に理由が聞きたい」というニュアンスが強くなるのがおわかりいただけると思います。

　人は「責められている」と感じると、ついつい防衛本能が働き、事実をごまかしたりしがちです。それは百害あって一利なしです。

　あえて言い訳をしやすい対話をすることも上司のゆとりであり、心理的安全性を担保することにもつながるのです。

 one more phrase

「どんな背景があったの？」

　ほぼ同じ意味ですが、もう少し根本的な原因を引き出す際に使えるフレーズです。自分のミスだけでなく、「そもそもの仕組みの問題」などを引き出すことができる言葉です。

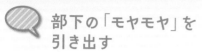

部下の「モヤモヤ」を
引き出す

「今の調子は
5点満点でいくつ?」

こんな状況が		こう変わる!
✕ 部下の心身の状態を知りたいが聞きにくい	→	◯ 点数でわかりやすく教えてくれる

●介護現場でも使われている質問法

　チームの心理的安全性を保つには、部下が人知れず抱える
「身体の不具合」「心の悩み」「人間関係のストレス」などを
把握しておくことが重要です。

　ただ、いきなり「調子はどう?」「悩みはない?」などと
聞いたところで、答えが返ってくるものではありません。チー
ムの心理的安全性がまだ確保されていない中では、なおさ
らです。

　そこで、とっておきのフレーズをご紹介しましょう。それ
が、「今の調子は5点満点でいくつ?」という質問です。

　体調やメンタルの状態をひと言で「良い／悪い」とは、な

かなか判断しにくいものです。だからこそもう少し細かく「点数」で聞くことで、その人の現状を把握するのです。

　実際、この質問法は介護や医療の領域で使われており、うまく自分の体調を説明できない高齢者の状況を把握する効果的な質問法の１つとされています。

　いきなりこの質問をしてもいいのですが、最近、多くの職場で取り入れられている「1on1ミーティング」の冒頭に聞いてみるのが効果的です。

......

😊：「**先週もお疲れさま。例の件、ありがとう。○○さんが助かったって喜んでいたよ**」

😊：「いえいえ、とんでもないです」

😊：「**じゃ、始めようか。今日も心身の状況から教えてもらっていい？　今週は５点満点で何点くらい？**」

😊：「３点くらいです」

😊：「**先週は４点だったけど、どうして？**」

😊：「季節の変わり目なのか、身体が重いんですよね」

　この例にもあるように、毎回、継続して聞くことで、その人の心身の変化がわかるのがポイント。

　こうして、チームメンバーの心身の状態を把握するのも、現代の上司の重要な仕事の１つです。

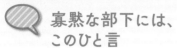

寡黙な部下には、
このひと言

「今、どんなことを
考えている?」

こんな状況が	こう変わる!
✕ 部下の沈黙に 上司が耐えられ ない	◯ 部下の沈黙を 大切に扱える ようになる

●あなたは「的当て」をしてしまっていませんか?

　メンバーの本音を引き出す際、つい、沈黙に耐え切れずに「じゃ、こうしない?」と意見を言ってしまったり、「それって○○?」と「的当て」のような質問をしてしまいがちですが、これはやってはいけない典型例。

「話しながら考える」ことが苦手な人は、どんな組織にもいるものです。そういう人と対話をする際には特に、**じっくりと相手に考える時間を与えることが重要**となります。

　それでも、あまりにも沈黙が長い場合、メンバーは「思考の迷路」にはまり込んでいる可能性があります。

　つまり、「自分が何を考えているかもわからなくなってい

る状態」です。

　そんなときには、そっと助け舟を出してあげるといいでしょう。その質問こそが、**「今、どんなことを考えている？」**です。

　たとえば、新しい営業スタイルについてどう思うかを聞いたのに、なかなか答えが返ってこない場合。

:「…………」

:「**今、どんなことを考えている？**」

:「……いや、まだ整理できていないのですが、新しいやり方をすると、お客様に迷惑がかからないかと考えていました」

:「お客様に……どういうこと？」

:「お客様も忙しいので、時間を設けていただくことが迷惑ではないかな……と思いまして……」

　タイプ別コミュニケーションのメソッド「ソーシャルスタイル理論」では、言葉が少なく、反応が薄い人は、「アナリティカル」と呼ばれるタイプであることが多く、自分なりの考えを大切にすることが特徴です。

　彼らは自分の考えを整理し、さらにより適切な言葉を探しながら、慎重に伝えようとしているのです。ぜひ、彼らの「沈黙」を大切に扱ってあげてください。

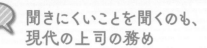

聞きにくいことを聞くのも、
現代の上司の務め

「言える範囲でいいよ」

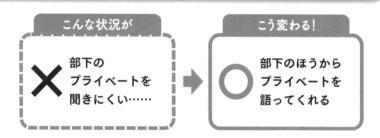

こんな状況が	こう変わる！
✕ 部下の プライベートを 聞きにくい……	◯ 部下のほうから プライベートを 語ってくれる

●誰にも言えなかったことを言ってくれた女性部下

　いくら心理的安全性が高い組織でも、「言いにくいこと」はあるもの。「会社を辞めようか迷っている」「更年期障害でイライラしがち」などです。

　しかし、昨今の上司は仕事のことだけでなく、**メンバーのキャリアやライフプランについても知っておくことが求められています。**

　しかし、こうした話を面と向かってはしにくいもの。そこで、そうした話を自然に引き出す際に使えるのが、この**「言える範囲でいいよ」**というセリフです。

　以下は、私が上司だったときの女性の部下との会話です。

👨‍🦱：「今後、やってみたいことはある？」

👩：「できれば、今の仕事を続けていきたいな……とは思っています」

😎：「いいね。今の仕事を続けていく上で、何か気になることはある？」

👩：「……」

😎：「**言える範囲でいいよ**」

👩：「……子供を産みたいのですが、そうするとキャリアに響くのではないかと……子供を育てながら、仕事を続けられるかが、ちょっと不安なんですよね」

　あとで聞くと、この悩みは周りの誰にも言えなかったとのこと。話してくれたことを本当に嬉しく思いました。

keyword

「非言語」「準言語」情報

　非言語情報とは、「伏し目がち」「一瞬、表情が曇る」「指をそわそわと動かす」といった言葉に表れない情報。準言語情報とは、「いつもより声が小さい」「言葉が少ない」といった言葉の意味以外の情報。「言いたいことがあるけれど、話せない」人に気づくには、こうした「非言語」「準言語」情報を意識することがカギとなります。

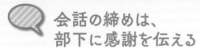
「教えてくれて、ありがとう」

こんな状況が	こう変わる！
✕ 部下からの報告に「わかった」としか返事をしていない	◯ 部下が報告しやすい職場に

●できれば「理由」を添えて、感謝の言葉を

　あなたは部下と会話をするときに、どのようなセリフで締めくくっていますか。意外と思い出せないのではないでしょうか。

　メンバーとの会話の最後にぜひ、つけ加えてもらいたいひと言があります。それが「ありがとう」。

　それも、できれば単に「ありがとう」と言うよりも、「〇〇してくれて、ありがとう」と具体的に伝えるほうがいいでしょう。

👤：「教えてくれて、ありがとう」

😎：「忙しいときに、時間を作ってくれてありがとう」

　あるいは、「嬉しい」などの言葉で、感謝の「感情」を素直に表現するのもいいでしょう。

😀：「あなたがそこまで考えてくれていることが、とても嬉しいよ」
😎：「きっと、○○さんなら大丈夫。私も心強く思っています」

　なぜ、最後に「ありがとう」を伝える必要があるかというと、それは**「勇気づけ」**のためです。
　心理学者のアルフレッド・アドラーは勇気づけを「相手に困難を克服する活力を与える」ことだと述べています。「感謝」「感情」を伝えることは、部下への勇気づけとなり、次への一歩を踏み出す力となるのです。
　だからこそ**最初や途中ではなく、会話の最後に「ありがとう」と伝え、行動を促す**のです。
　こうした感謝の言葉が、あなたのチームの心理的安全性を形作っていきます。
　ぜひ、あなたが率先して「ありがとう」と言い合えるような職場を作っていってほしいと思います。

「弱み」を見せるマネジメント

★いくら優しく接しても、部下は上司を怖がるもの

　p68 では、「助けてもらっていい？」というセリフで、メンバーの本音を引き出す方法についてご紹介しました。では、あえて「弱み」を部下に見せることは、本当に効果的なのでしょうか。

　ヒューストン大学ソーシャルワーク大学院研究教授のブレネー・ブラウン氏はその著書『本当の勇気は「弱さ」を認めること』（邦訳・サンマーク出版）の中で、こんな示唆をしています。

　「管理者が、意識的にしろ無意識にしろ人の価値と成果を結びつけているような、恥を感じやすい文化では、関わる意欲は失われ、責任転嫁、ゴシップ、停滞、えこひいきが蔓延し、創造性とイノベーションは枯れていく」
　「まず管理職が、弱みをさらけだせるようなチームの雰囲気を作れるようになることだ」

　いくら優しく接しても、部下は相手が「上司」というだけで緊張するものです。部下にとって上司は評価者であり、その評価次第では昇進や昇給にも影響を与える、生殺与奪を握る存在だからです。

　自分ではそんなことを思っていなくても、そう見えてしまう自覚を上司は持っておくべきでしょう。

　だからこそ、上司自らが「助けてほしい」と部下に吐露することは、お互いの関係をフラットなものにし、本音で話しやすくなる第一歩となるのです。

★もはや「言ったとおりにやれ」では成功できない

　また、「上司は強くなければならない」「上司は威厳を持たねばならない」という発想自体が、時代遅れになってきているという側面もあります。その要因は時代の大きな変化です。

　変化があまり大きくない時代ならば、上司が経験によってつちかってきた成功法則どおりに部下に動いてもらえば、同じように成功できました。つまり、上司の仕事は「自分の言うとおりに部下に動いてもらう」ということでした。

　そのためには、上司には自分の言うことに従ってもらうための威厳が必要です。「弱み」を見せるなんてとんでもない、ということになります。

　しかし、今はそうした過去の成功法則が通用しないどころか、逆効果になることさえある時代です。時代遅れになった過去の成功法則にしがみつき、改革が遅れてしまったという話もよく聞きます。

　このような時代には、メンバーの話をよく聞き、メンバーの助けを借りなければ、成功はおぼつきません。

　また、これも時代の変化により、あまり強く命令すると「パワハラ」と取られかねません。そのような時代に「強さ」だけでマネジメントを行おうというのは、極めて無理がある話なのです。ぜひ「弱さ」を見せることで、メンバーが自発的に動いてくれる組織を目指してください。

★ column

「傾聴の "かきくけこ"」

★言葉にならない言葉を聞く力

　部下の本心を聞き出すカギとなるのは、上司の「傾聴力」です。

「傾聴」とは、相手が感じていること、考えていることを積極的な姿勢で聞く行為のことです。

　たとえば、何か不安がありそうなのに、聞いてみても「特に問題ありません」としか言わない部下がいたとします。でも、いつもより言葉数が少なく、笑顔も少ないように見えます。

　そんなとき、傾聴力がある上司は、数分の会話をしただけで、部下の本心を引き出せるものです。

　では、傾聴力を高めるためには何が必要なのでしょうか。ここでご紹介したいのが、「傾聴の "かきくけこ"」という言葉です。

『対人援助の現場で使える 傾聴する・受けとめる技術 便利帖』（翔泳社）という書籍の中で著者の大谷佳子氏が提唱しているもので、傾聴力を高めるための方法がシンプルにまとめられています。

　具体的には以下のようなものです。

【傾聴のかきくけこ】
「か」…環境を整える（話しやすい雰囲気、関係を作る）
「き」…共感的に聴く（聞き手に共感を示す）

「く」…繰り返す（相手の言葉を反復する）
「け」…結論を急がない（話をさえぎらない）
「こ」…肯定する（肯定的な関心を持つ）
（※アレンジを加えています）

　この5つの要素を駆使すれば、部下は本音を話しやすくなるというわけです。

★多くの上司が「あいうえお」になってしまっている

　しかし、多くの職場ではそうなっていないどころか、まったく反対になっていることもあります。それを「傾聴の"あいうえお"」と呼んでいます。

「あ」…圧迫感を感じさせる表情で（無表情）
「い」…一方的に話を
「う」…"うん"と小さな反応しかせず
「え」…枝葉の細かな質問が多く
「お」…重たい空気になる

　いかがでしょうか。つい、自分が「あいうえお」のほうになってしまっている、と気づかれた方も多いのではないかと思います。
「あいうえお」ではなく「かきくけこ」を意識して、場作りを心がけてみてください。
　この章で紹介した言葉も、それによりさらなる効果を発揮するはずです。

★ column

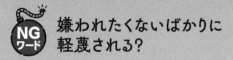

「会社がそう言っているから」

●嫌われたくないという思いが裏目に

　会社の方針はしばしば、現場の事情をまったく考慮していないものです。いや、むしろ常に現場から乖離（かいり）したものといえるかもしれません。

　会社から無茶な指示が来た際、よくあるのが「会社がそう言っているから、仕方ないけどやってほしい」「会社の指示だから従ってほしい」という伝え方です。しかし、この伝え方は絶対にNGです。部下に自主性を持ってもらいたいのに、上司が「やらされ感」を出していたら元も子もありません。

　これは、部下に嫌われたくないという上司が使いがちなセリフでもあります。確かに嫌われはしないかもしれませんが、「結局、この人は会社の言いなりなのか」と軽蔑されることになります。

　会社からの無茶な指示を「自分の言葉」にして伝えることが、上司には求められるのです。

第3章

議論や会議を「超生産的」にする言葉

「会議」を避けてはいけない

●「会議は悪」という視点はあまりに短絡的

コロナ禍で多くの企業が会議を減らしました。それでも、表面的にはなんの影響もなかったこともあり、最近では「会議なんてそもそも無駄」という意見も増えているようです。

しかし、私はそうは思いません。**有効な会議を行うことは、本当の意味で「タイパ（タイムパフォーマンス）」を高める機会になる**からです。

チームが機能するためには3つの条件があります。アメリカの経営学者、チェスター・バーナード氏は、下記のどれか1つが欠けても、組織不全になるとしています。

【良い組織にある3条件】

1　みんなで追いかける「共通の目的」があること

2　1人ひとりがチームへの「貢献意欲」を持っていること

3　メンバー同士の活発な「コミュニケーション」があること

しかし、この3つを実現することは簡単ではありません。

チームが目指す目標が決まったとしても、全員に「わがこ

と」として認識してもらうためには、メンバー同士の意見交換が不可欠です。

また、「貢献意欲」をお互いが発揮するためには、1人ひとりがバラバラに仕事をするのではなく、お互いの状況を知っておく必要があります。

そして、それらのベースとなるのが、メンバー同士の活発なコミュニケーションです。

それらを同時に実現する場こそが、会議なのです。だからこそ、「本当に効果的な会議」を行うことができれば、上司の忙しさを緩和してくれるとても有効な手段になり得るというわけです。

● 会議が無駄なのではない、進め方に無駄があるのだ

もし、それでも「ウチの会社には無駄な会議が多い」と思うのなら、**問題は会議そのものではなく、上司の会議の進め方にある**と考えるべきでしょう。

ここで重要になるのが「ファシリテーション」です。ファシリテーションとは、メンバー1人ひとりの意見を引き出しながら、会議を円滑に進めるための技法のことです。

本章では、ファシリテーションの技術を応用したセリフで、「議論や会議を円滑に、かつ効果的に進めるためのセリフ」をご紹介していきましょう。

良い会議は、
そもそも「招集メール」が違う

「準備をお願いします」

●なぜ、会議で誰も話そうとしないのか？

　実は会議の成否は、**会議が始まる前に決まっていると言っ
ても過言ではありません。**

　会議でまったく発言が出てこないのは、もちろんチームの
心理的安全性の欠如などの影響もあるかもしれませんが、意
外と多い理由は「誰も準備をしてきていない」こと。だから、
話そうにも何を話していいのかわからないのです。

　だからこそ事前に**「準備をお願いします」**と伝えることが
重要です。たとえば、会議の議題がコンテンツの海外展開だ
としたら、「海外展開できそうな商品を検討したいので、各自、
案を持ち寄ってほしい」などとテーマと準備すべきことを伝

えるのです。

　伝達から会議までの日程が離れている場合、会議の２日くらい前に改めて、リマインドをするといいでしょう。これは、メールで十分です。

　参加するメンバーは、「めんどくさいな……」と思うものですが、それで OK。**確実に参加者の姿勢は変わります**。

　下に招集メールの文面例を上げましたので、参考にしてください。

　お疲れ様です。〇〇です。

　〇〇についてのミーティングを下記のとおり開催いたします。

　※事前のお願いも記載しております。

　■会議詳細

　日時：〇月〇日（〇曜日）14:00 〜 14:30

　場所：ミーティングルーム A

　議題：キャンペーンの進捗共有

　・各担当からの進捗を発表

　・個々人から今後の動きを発表

　なお、会議資料（進捗の状況）を添付しております。

　内容をご確認の上、発表の準備をお願いします。

いつまでも終わらないダラダラ会議は、
このひと言で解消

「この流れで問題ない?」

こんな会議が	こう変わる!
✕ 会議の時間が長くなりがち	○ 時間通りにピタリと終わるようになる

●会議は「最初のひと言」で決まってしまう

　会議の議題がそれてしまったり、いつまでもダラダラと続いてしまったり……。それを防ぐためのひと言があります。それが**「この流れで問題ない?」**です。

　会議の際にはまず、「アジェンダ（予定議事）」を冒頭で明示する必要があります。たとえば、ホワイトボードや投影資料などに以下のようにアジェンダを上げます。

・先週の結果確認　5分

・来週の方針確認　10分

・販促施策の意見交換　10分

・部長のお話　5分

できれば、このように「時間」まで明示できれば完璧でしょう。その上で「この流れで問題ない？」と聞くことで、念押しをします。より具体的には、以下のような感じです。

👤：「**この流れで問題ないでしょうか？　もし、差し込み案件、時間が足りない、といったことがあれば、教えてください**」

　そして、何も意見が出ないようなら、会議スタートです。
　私の経験上、このステップを踏むことでほぼ100％、会議の議題がそれたり時間オーバーになったりすることを防ぐことができます
　この流れで会議に入ることは、話す側にもメリットがあります。
　先日、お客様主催のミーティングの中で、私が直接、研修の内容を話すことになりました。その際、最初に持ち時間が15分だと明示されていたので、普通なら20〜30分で話す内容を要点だけ絞って伝えることができました。時間が決まっているとむしろ、話の要点がクリアになると感じました。
「ダラダラ会議を撲滅すること」。それこそが本当に意味のある会議を行うためのスタートであり、そのためには「会議での冒頭のひと言」がカギとなるのです。

会議でも部下の「特にありません」を
封印する

「禁止でいきましょう」

● 参加者の目の色が変わる

　こんなことはないですか。会議でメンバーに「どう思う?」
と尋ねると「特にありません」。別のメンバーに聞いても「特
にありません」。こうして、何も議論が進まない……。

　つい、イラっとしがちですが、それを防ぐひと言がありま
す。それは、**会議の最初にルールを設定してしまうこと**です。
これを「会議のグランドルール」と呼びます。

　中でもお勧めなのが**「『特にありません』は禁止でいきま
しょう」**です。これは普段の対話でも使いたいルールです。

：「意見がないのはやはり寂しいので、どうでしょうか。

『特にありません』は禁止でいきませんか？」

　こう言われて反対をする人はまず、いません。そして、このルールを設定すると、参加者の目の色が明らかに変わります。**「適当に聞いているだけでいい」という傍観者の姿勢ではいられなくなる**からです。

　細かい話ですが、このとき、「このルールでいいと思う人は、拍手（挙手）をお願いします」などと促すと、参加感がより出て効果的です。

　他にも効果的なグランドルールはあります。

👩：「今回の会議では、1回も意見を言わないのを禁止にしませんか？」

🧔：「難しい、無理と言うのは禁止にしませんか？」

🧓：「先輩、後輩、といった理由で忖度（そんたく）するのは禁止でいいですよね？」

🧑：「どんな発言でも、否定するのは禁止でいきましょう！」

　もっと会議を活発にしたいと思ったときには、こうした会議のグランドルールを決めてみてください。いつも以上に発言が多くなり、会議が活発なものになることは間違いありません。

「この意見、
○○さんはどう思う?」

こんな会議が		こう変わる!
✕ 1人が、ずっと しゃべっている	→	◯ 全員から、 さまざまな 意見が出てくる

● ポイントは「名指し」

　さて、会議で目指すべきは、やはり全員が発言している状況にすることでしょう。しかし、ほとんどの会議は、そうはなっていません。誰か1人がずっとしゃべっていたり、逆に誰も口を開かずに沈黙の時間ばかりが流れていたり……。

　そんなときに使えるのが、**「リレー質問」**というテクニックです。

　ある人が意見を言ったり質問をしたりした際、他の人にパスを投げるという、ファシリテーションの手法です。

　たとえば、会議の中である提案が投げかけられたとします。そのとき、上司が以下のように「パス」をするのです。

:「今、Aさんからこういう提案が出てきたわけだけど、この意見、Bさんはどう思う？」

:「ええと、私も良い方法だと思いますが、それを実行するには無駄な書類をなくすことが先決だと思います」

:「なるほど、書類の削減だね。Cさんはどう思う？」

こうして名指しされれば、BさんもCさんも答えざるを得ません。このように**上司がどんどん「パス」を回していくうちに、議論が活発になっていく**、というわけです。

上司である自分ならすぐに答えられる質問もあるでしょう。それでも、あえて人に振るのがポイントです。

:「これは私が答えるより、この分野に詳しいDさんに答えてもらったほうがいいですね」

このように理由も明示して質問をパスすると、答える側もどんな視点から答えることが求められているかがわかり、より意見を出しやすくなるでしょう。

誰も会議で発言しないと、ついつい上司である自分が話をしたくなると思います。しかし、そこをぐっとこらえて「パス」をひたすら回し続けてください。

第3章 ●議論や会議を「超生産的」にする言葉

99

良質で大げさなリアクションが、
発言を加速させる

「いいね！」

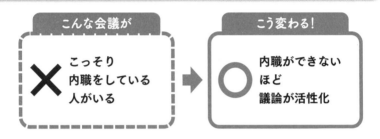

こんな会議が

✕ こっそり
内職をしている
人がいる

➡

こう変わる！

○ 内職ができない
ほど
議論が活性化

●リアクションはちょっと、オーバーなくらいでいい

　もし会議中に「内職」をしていたり、あくびをしていたり
するような人がいたら、ぜひとも、やっていただきたいこと
があります。誰かが発言してくれたら、**ちょっとオーバーな
くらいに「いいね！」とポジティブにリアクションする**こと
です。それだけで、確実に議論が活性化します。

　もう、口癖のように「いいね！」を連発してしまっていい
と思います。それがファシリテーターであるリーダーの役割
です。

　こうした反応を繰り返すことで、発言が否定されない「場
の空気」が醸成され、どんどん発言が出てきます。

では、相手が明らかにネガティブな発言をした際にも、「いいね」と応えなくてはならないのでしょうか。

　そんなときは「ありがとう」と返すのが効果的です。たとえば、以下のようなやりとりです。

....

🙂：「こんなに忙しい中では、とても無理です」

🤓：**「貴重な意見をありがとう**。確かに今のままでは難しいかもしれませんね」

　ここで「いや、そんなことはない」といきなり反論してしまったりしては、部下からの意見は二度と出てこなくなります。

　他にも、こんなリアクションが考えられるでしょう。

🤓：「まさに現場を知る、〇〇さんのご意見ですね。**ありがとう**」

🙂：「その観点は、今までなかった。**いいね！**」

👩：「勇気を持って話していただきました。**いいですね**」

「会議で発言が出てこない」と嘆く前に、あなたがちゃんと適切なリアクションをしているか、ぜひ振り返ってみてください。

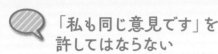

「あえて違う点が
あるとすれば?」

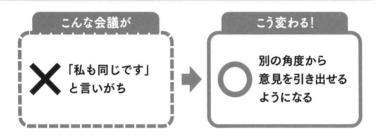

こんな会議が	こう変わる!
✕ 「私も同じです」と言いがち	◯ 別の角度から意見を引き出せるようになる

●その賛成は本当の賛成ではないかも?

　会議でよく出てくるのが「私も同じ意見です」という発言。
何を言うか考えなくていいので、極めてラクな言葉です。

　では、本当に同じ意見なのかというと、そうではないのが
やっかいなところ。こういう人に限って会議後に「実際には
できるわけないよね」などと言っていたりするものです。

　会議のグランドルール(p96)として「私も同じ意見です」
という発言を禁止するというのも一案ですが、私がお勧めし
たいのは以下のフレーズです。それは**「あえて違う点がある
とすれば?」**。

　早速、会話例で見てみましょう。

:「先ほどの A さんの意見に対してどう思いますか？」

:「私も、A さんと同じ意見です」

:「その理由は？」

:「A さんもおっしゃっていましたが、今の景気を考えるとその案がベストだと思うからです」

:「とはいえ、まったく同じということもないのでは？　**あえて自分の意見と違う点があるとすれば、どこでしょう？**」

:「……そうですね。やるべきだとは思いますが、一気に進めるのは負荷が大きく現場が混乱する気がします」

　会議において、全員がまったく同じ意見を持っていることなど、まずありません。総論としては賛成でも、各論ではさまざまな反対意見があるはず。そうした意見を丁寧に引き出してこそ、会議は納得のいく合意の場になるのです。

one more phrase

「別の案を出すとすれば？」

　アイデアを出すタイプの会議では、このフレーズが効きます。無理やりにでもアイデアをひねり出してもらいましょう。「あえて逆から考えてみると、どう？」という聞き方もお勧めです。

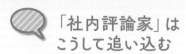

「AかB、
どちらが近い？」

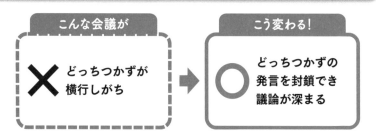

こんな会議が	こう変わる！
✕ どっちつかずが横行しがち	◯ どっちつかずの発言を封鎖でき議論が深まる

●「是々非々で」などと言う人に要注意

　会議の場では何を発言してもいいというのが大原則ではありますが、つい辟易（へきえき）させられるような意見もあります。

　その代表ともいえるのが、意見を求めているのに、ありきたりな一般論ばかりを語るような人。たとえば、こんな意見です。

👩：「それは今後の状況を見て慎重に決めるべきだと思います」

👨：「メリットとリスクを吟味して、是々非々（ぜぜひひ）で検討すべきでは？」

こうした「評論家」のような発言を繰り返し、自分の意見ははっきりと言わない人はどこにでもいるもの。しかも、そういう人に限って話が長かったりするのでやっかいです。

こんなとき、上司はあえて強く迫らねばなりません。このセリフで決断を迫りましょう。

「あえて言うならば、**A か B、どちらが近いですか？**」

😎：「今の意見について、どのように思いますか？」

🙂：「一理あると思います。でも簡単ではないでしょう。検討の余地はあるようにも思いますが……」

😎：「ということは、賛成ですか？　反対ですか？」

🙂：「いや、難しいですね」

😎：「では、あえて言えば、**賛成か反対か、どちらが近いですか？**　あなたの立ち位置を知りたいんです」

🙂：「……いろいろな条件がありますので即答は難しいのですが……どちらかというと賛成です」

😎：「賛成ですね。ありがとうございます」

このようにして、半ば無理やり相手の立場を明確にしてしまうのです。会議ではこうして、**上司があえて「悪役」となる必要が出てくる**ことがあります。でも、これを誰かがやらないと、会議は活性化されません。

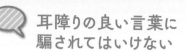

耳障りの良い言葉に
騙されてはいけない

「たとえば?」

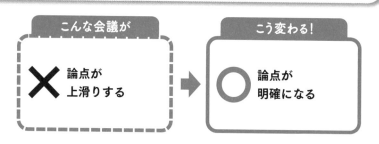

こんな会議が

✕ 論点が
上滑りする

➡

こう変わる!

○ 論点が
明確になる

●抽象論の飛び交う会議は最悪

　私が会議のファシリテーションをする際にいつも気をつけているのは、「耳障りの良い言葉」に流されないか、ということです。

　例を上げれば、「顧客満足が問題だ」「コンセンサスを取るべき」「ロジカルに考えるべきだ」といった発言。こうした発言をきっかけに議論が迷走してしまうことが多々あるのです。

　たとえば、こんな会話があったらどうでしょう。

:「お客様満足度の低下が、最大の問題です」

106

👩：「私はお客様満足度が低下しているとは思えないです。そんなデータってありましたか？」

👨：「データはないけど、売上が落ちているのは確かです」

👩：「確かに、お客様満足度を上げることは、ビジネスの原点なので重要だと思いますが……」

一見、スマートな議論に見えますが、実際には**論点が上滑りしているだけの無駄な議論**です。「お客様満足」という言葉に対して、誰もが違ったイメージを持っているからです。

だからこそ、あいまいな言葉が出てきた瞬間に**「たとえば？」**と聞くのが、上司の役割です。

👩：「お客様満足度の低下が、最大の問題です」

🧑：**「たとえば、どんなときにそれを感じるの？」**

👩：「笑顔の接客が減っていて、それにお客様が不満を持っているように感じています」

🧑：**「具体的にはどういうことかな？」**

👩：「私の店では最近、仕事量が増えて余裕がなくなっており、自然と笑顔も減っている気がするのです」

🧑：**「では、他店の状況も聞いてみましょう。Bさんは？」**

あいまいな言葉を放置しない。これも、上司の役割です。

「みんなって、誰?」

こんな会議が	こう変わる!
✕ 感覚で話す 声の大きい人に 流される	○ ロジカルに 事実ベースの 議論ができる

● モヤっとした数字を自信満々に語る人

議論ではいわゆる「声の大きい人」の意見が通りがちです。

😊 :「それはみんな言っていることです」

こんなセリフで、「数の論理」で自分の意見を通そうとする人がいます。「メンバーみんながそう言っています」などと言われると、上司としてもつい流されそうになるものです。

でも、よくよく考えてみれば、**「みんなって、誰?」** という話です。

こうした「みんな」「たくさん」といったあいまいな数量

表現が出てきたら、抽象的な議論を「たとえば？」で具体化したときのように、具体化する必要があります。たとえば、以下のような議論です。

:「この商品の取り扱いをやめるのは危険だと、みんな言っています」

:「**みんなって、誰のことですか？**」

:「営業部のA部長がそう言っていました」

:「他には？　マーケティング部の人もそう言っていたんですか？」

:「いえ、マーケティング部の人には聞いていません。でも、多くの支店からも取り扱いをやめないよう要望が来ています」

:「それはどこの支店？」

:「……C支店とD支店です」

:「他には？」

:「いえ、今のところこの2支店です……」

　まるで部下をいじめているように思われたかもしれませんが、**仕事とはあくまで「事実ベースで語る」**ものです。あくまでソフトな言い方で、あいまいな話を具体化する。これも、上司の役割なのです。

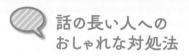
「ひと言で言うと、どうなる?」

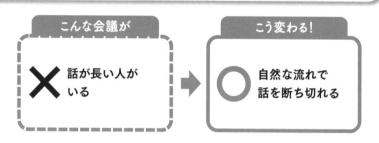

こんな会議が	こう変わる!
✕ 話が長い人がいる	○ 自然な流れで話を断ち切れる

●「話の長い人」はチーム全体に害をもたらす

会議で困るのが、1人で延々としゃべり続ける人。建設的な意見ならいいのですが、そういう人に限って話がまとまっていなかったり、観念論や精神論に終始してしまっていたりするものです。

こうした人を野放しにしていると会議はいつまでたっても終わりませんし、メンバーの集中力も切れてしまいます。

まずは、区切りのいいところで本人に話をまとめてもらうことです。**「ひと言で言うと、どうなる?」**という質問で、要約を促すのです。

これなら相手を立てつつ、話を短くまとめてもらうことが

できます。

　また、本人も話しているうちに、自分でも自分が何を言っているのかわからなくなってしまっていることも多々あるものです。そうした場合には、考えをまとめてもらうきっかけにもなるはずです。

　その際「ちょっと整理をしたいので」「私の理解が追いついていないので」といった枕詞（まくらことば）をつければ、より婉曲（えんきょく）に要約を促すことができるでしょう。

　それでも話が止まらない、あるいは何を言っているのかわからない、という場合は、こちらで要約してしまうのも手です。**「つまり、○○ということでしょうか？」**とこちらでまとめて同意をもらうのです。

:「**ちょっと整理をしたいのですが、おっしゃっていることをひと言で言うと、どうなりますか？**」

:「そうですね……（それでも延々と話す）」

:「**つまり、部下のフォローが大切、ということですね？**」

:「はい、そういうことです」

　会議に限らず、「ひと言で言うと、どうなりますか？」という問いかけは、部下とのコミュニケーションを円滑にしてくれる魔法のフレーズです。ぜひ、活用してください。

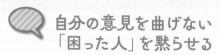

「別の考え方が あるとしたら」

こんな会議が

✕ 持論を譲らない
困った人がいる

こう変わる!

○ 持論をストップ
させられる
（黙らせる）

●明らかな暴論を止めるには？

　自分の意見に固執する人がいます。議論の流れ的にも、周囲の人の反応からも明らかにその意見が違うとわかるのに、絶対に自説を曲げない人。

　私が管理職だったときも、このような部下がいました。その人を説得するために、会議がいつまでも長引いてしまうことも。こうなると、他の部下が委縮してしまったり、自由に発言できなくなるなど、会議がストレスフルな場になってしまいます。

　まず、やってほしいのはリレー質問（p98）です。つまり、その人の意見に対して「Aさんはどう思う？」「Bさんはど

う？」と、どんどん振っていくのです。

そして、その際に使ってほしいフレーズがあります。それがこの**「別の考え方があるとしたら」**です。

：「貴重な意見ありがとうございます。一方で、これとは**別の考え方があるとしたら、どうでしょう？** Aさん、いかがですか？」

上司があえて、「別の考え方があるとしたら、どうでしょう？」という振り方をしているので、話を振られたAさんも気兼ねなく反対の立場を取ることができるのです。

ゆがんだ持論に固執する人がいると会議は荒れてしまいます。そんなときこそ、こうしたフレーズを使うことをお勧めします。私も使っていましたが、効果てきめんです。

one more phrase

「その意見の根拠となる事実を教えてください」

こちらはちょっと厳しめの言葉です。実は根拠となる事実が脆弱な（あるいはまったくない）のに、単に思いついたことを言っているだけということは多々あります。「その意見の根拠となる事実を教えてください」、あるいは「意見と事実を整理してみてください」という言葉で、そのことに気づいてもらうのです。

何がなんでも、
時間内に収束させる

「あと3分で
決めましょう」

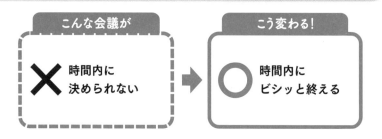

こんな会議が

✕ 時間内に
決められない

➡

こう変わる!

○ 時間内に
ビシッと終える

●最悪なのは「会議のやり直し」

議論をまとめる際には「時間」を利用するのが賢いやり方です。たとえば**「残り時間もわずかですので、あと3分で決めましょう」**というセリフを発することで、全員の意識が「まとめに入らなくては」と切り替わります。自然とダラダラと発言する人もいなくなり、議論は収束モードに入ります。

もちろん、3分では短すぎるならば5分でも、10分でも結構です。要するに、時間を意識させるということが重要なのです。

どう考えてもまとまりそうにない、という場合は、「部分的に合意を取る」のがお勧めです。

:「時間が来ましたので、ここでは、○○だけ決めておきませんか。その上で、××については、担当を決めた上で、動かしていく流れでいかがでしょうか？」

このように、**今、決められるものだけ決めておく**という方法です。あえてやっかいな話を「場外」に出し、進めやすいことだけを先に進めるような使い方もできるでしょう。

それでも決められない場合、私だったらこう言います。

:「ここでは時間内に決まりそうもないので、担当を決めて会議のあとに話し合ってもらい、改めて報告してもらう流れでいかがですか？」

つまり、**「この会議では決めないで、あとで決めることを決めた」**ということです。

こうまでしてでも、「会議で何かを決めた」という形をとることが非常に重要です。会議で決まった以上、進めなくてはならないという意識になるからです。

「会議の時間の延長」や「改めてもう一度会議を行う」というのは、よほどのことがない限り避けるべきです。「どうせ時間内に終わらないだろう」「また会議をするんだろう」となると、誰もが目の前の会議に集中しなくなるからです。

このひと言が言えるかどうかで、
リーダーの力量が決まる

「決めるね」

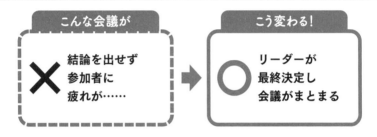

こんな会議が	こう変わる！
✕ 結論を出せず参加者に疲れが……	◯ リーダーが最終決定し会議がまとまる

●あちこちにいい顔をするリーダーの末路

本章の最後に、リーダーだからこそ使える収束の方法を紹介しましょう。

意見がまったくまとまらない場合、ファシリテーターの殻を脱ぎ捨てて、リーダーとして英断を下します。

🙎 ：「いろいろ、意見が出たけれど、決めるね」

このように伝え、有無を言わさず決断します。

もちろん、中立性が求められるファシリテーターは絶対に使ってはいけない言葉なのですが、決める役割であるリーダ

ーは、このセリフを言えなくてはならないのです。

　決めたことが議論の流れに反するものである場合もあるでしょう。その場合は、ちゃんと理由を添えて伝えます。

😊：「**いろいろな意見をありがとう。参考になった。決めないといけないタイミングなので、決めるね**。みんなの意見とは違い、Ｄ案だと考えている。確かに懸念点はあるが、○○という理由でその問題は解決できると思う。何より今は攻めるタイミングだと考えたからです」

　仕事が遅いリーダーに共通する、ある欠点があります。それはとにかく「決められない」こと。あちらの人の意見を聞き、こちらの人の顔を立て、調整しようとして時間ばかりが過ぎていく。みんなに嫌われたくないからと、全員の意見を取り入れた「玉虫色」の結論を出そうとする。でもそれは、「リーダー」ではありません。単なる「調整役」です。

　みんなに流されて決めた結論がうまくいかなかった場合、「みんながそう言ったからそうした」で、すむのでしょうか。そんなはずはありません。

　だからこそ、リーダーは「決断」しなくてはならないのです。

　仕事が遅いリーダーは「決断」ができない。これは、絶対的な真実です。

二分法の罠

★交渉のテクニックをマネジメントにも

　この章ではいくつもの「決断を促すセリフ」を紹介してきましたが、中でも強力なのが、「AかB、どちらが近いですか？」という問い（p104）です。

　実はこれには、「二分法の罠」という交渉のテクニックが使われています。

　たとえば、交渉の場で、

「値引きはできますか？　イエスですか？　ノーですか？」

「納期の件、間に合いそうですか？　間に合わなさそうですか？」

　というような聞き方をすると、相手はどうしても「はい」か「いいえ」で答えなくてはならないような気になるものです。

　実際には、「値引きはできませんが、サービスで別の商品をつけられます」とか、「納期の件、半分までなら間に合わせることができます」などという回答もあり得ます。しかし、「イエスかノーか」で聞かれると、それ以外の選択肢が頭からなくなってしまい、つい、言われるがままに決断せざるを得なくなってしまうというわけです。

　こういうテクニックを日常会話で乱用するのはあまりお勧めできませんが、議論や会議を乱す参加者を野放しにしていては、上司としての信頼は得られません。ここ一番のテクニックとして覚えておいてください。

★ column

ファシリテーションの極意

★上司がすべてやらないほうがいい？

　リーダーがファシリテーターになって会議を進めていくための方法を述べてきましたが、それとは別のファシリテーションのコツをお伝えします。

　それは、できれば会議のファシリテーターは、リーダー以外の人にやってもらうということです。

　リーダーは「決める」立場であり、ファシリテーターは「議論を促進する」立場。つまり、本来的には相反する役割なのです。

　つまり、そんな二重人格のようなことをリーダーはやる必要があるのですが、それはそう簡単なことではありません。ファシリテーター役に徹するあまり議論を俯瞰して見ることができなくなってしまったり、逆に自分の判断が入りすぎてファシリテーターの役割がおろそかになってしまったりすることもあります。

　だからこそ、もし信頼できる部下がいるならば、その人にファシリテーターを任せるほうがずっとうまくいく、というわけです。

　理想は、部下がファシリテーションを行い、最後にリーダーが判断するという流れです。これならば、上司は2つの役割に悩むことはなくなり、「決める」ことに集中できるようになります。議論をよりスムーズに進めたい場合にはぜひ、試してみてください。

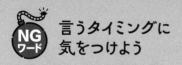

「他にありますか?」

●発言を封じてしまうひと言

　会議などでしばしば見かける光景です。せっかくメンバーが発言してくれたのに、すぐに「他にありますか?」と次の意見を求める。本人に悪気はなくても、発言した側からすれば「自分がつまらないことを言ったから、別の人に発言を促しているんだ」と受け止めてしまいかねません。

　重要なのは、発言してくれた人に十分なリスペクトを払うことです。まず、発言をしてくれたことに対して謝意を表すと同時に、「なるほど」「そういうことですか」と受け止める発言をする(ただし、評価はしない)ことが大事です。そのあとなら、「他にありますか?」と聞いてもOKです。

　私もかつて部下から、「もっとポジティブなリアクションを取ったほうがいい」とアドバイスされ、実際にそうしてみたところ、会議の雰囲気が一気に変わりました。そのあとは大げさなくらいポジティブな反応を心がけています。

NG ワード

非難めいたニュアンスは相手にすぐ伝わってしまう

「そろそろ」

第3章 議論や会議を「超生産的」にする言葉

● うんざりした気持ちが伝わってしまう

話の長い人はどこにでもいるものです。会議の場で1人で自説を長々と演説するような部下は、上司であるあなたがどこかで止めなくてはなりません。

しかし、ここで「そろそろまとめてもらっていいですか？」「時間も迫っていますので、もういいですか？」などと非難めいた言葉を使ってしまうと、その人を委縮させてしまうことになります。

私が管理職をしていたときにもそういう部下がいました。考えは素晴らしいのですが、とにかく話が整理できていないのです。

「もっと端的に話してほしい……」と何度も思いましたが、「でも、自分の役目は彼らのサポートをするファシリテーターだ」と捉え直すことで、冷静に対処することができました。**NG ワード**

第4章

チームの思考レベルを上げる「フレーム」の言葉

先人の知恵を「言葉」で再現する

●経験則が害にすらなる時代

　今の時代、リーダーが経験則だけで物事を判断するのはとても難しくなってきています。たとえば、「想定外のライバル企業の登場により、急に売上が激減した」「現場は業務であふれかえっているが、いくら募集をかけても人が採用できない」「部下が『なんのためにこの仕事をしているのかわからない』と言い始めた」といったような問題は、10年前、20年前にはあまり直面したことがなかったはずです。

　こうした問題に対して、リーダーが経験則だけで立ち向かおうとすると、有害にすらなります。だからこそ、メンバーに自主的に動いてもらうマネジメントが必要なのです。

　しかし、それだけではどうしても不安だという人も多いことでしょう。そこで、リーダーが経験則を乗り越えるための「魔法の杖」をご紹介します。それは、「ビジネスのフレーム」、あるいは「フレームワーク」と呼ばれるものです。

　ビジネスの歴史上、数々のフレームが開発されてきましたが、その中で今でも生き残り続けているものは、時代を超え

た**普遍性を持つもの**だと考えられます。

　本章で紹介するのは、そんなフレームを「セリフ」にて再現するものです。

　たとえば、「ECRS」という業務効率化のフレームがあります。これは「Eliminate（排除）」「Combine（結合と分離）」「Rearrange（入れ替えと代替）」「Simplify（簡素化）」の4つの言葉の頭文字を組み合わせたものですが、この順序に従って「何か削除できることはないかな？」「組み合わせられるものはないかな？」などと聞いていくことで、業務の効率化が図れるというわけです。

●セオリーで経験則を乗り越える

　上司がビジネスフレームを使うことで、一気に思考の質が上がり、解決のレベルがアップすることはよくあることです。これは「強制発想法」と呼ばれる手法で、フレームを使うことで強制的に発想を広げていきます。私自身も管理職になった際、ビジネスのフレームにずいぶんと助けられました。

「愚者は経験に学び、賢者は歴史に学ぶ」

　ドイツの宰相・ビスマルクの言葉です。ビジネスフレームは、世界中のグローバルリーダーが使い、効果があるからこそ、語り継がれているセオリーです。ビジネスフレームを使うことは、まさに賢者の選択というわけです。

「やめても、結果に影響しないものはない?」

こんな問題が	こう解決する!
✕ 職場が忙しすぎる	○ 無駄な業務をなくせる

●上司の仕事は「やめる」こと

人手不足や残業削減の流れもあり、いまやリーダーにとって「業務改善」は重要な仕事の1つ。会社からも「1人当たりの生産性を高めよ」といった号令が飛んでいるのではないでしょうか。ここで、ビジネスフレームの登場です。

まず紹介したいのが**「ECRSの法則」**。生産管理の技法で、無駄をなくし、より効率的なオペレーションを実現するために、くまなく改善点を探すためのフレームです。

これを実践することで、**業務量を10%から30%減らせることもざら**です。私自身もこのフレームを各企業の研修でお伝えしていますが、やはり効果は絶大だと感じます。

ECRSとは、「Eliminate（排除）」「Combine（結合と分離）」「Rearrange（入れ替えと代替）」「Simplify（簡素化）」の頭文字を取ったものです。これをセリフに置き換えると、E＝「その業務を排除することができないか」、C＝「その業務を1つにまとめることができないか」、R＝「その業務を交換したり、順番を変更することで効率化できないか」、S＝「その業務をもっと簡単にできないか」となります。

　重要なのは順番です。E＞C＞R＞Sの順序で考えるのがコツ。つまり、**まずは「その業務を排除することができないか」を考える**ということです。

　そして、まさにここが上司の出番となります。結合や簡素化は現場で判断できても、「排除」となると上司にしか決断できないからです。

　だからこそ、ぜひこのように問いかけてみてください。

:「やめても、結果に影響しないものはない？」

　すると、「月曜朝の会議はあまり機能していないので、やめてもいいのでは？」「すべて電子化しているので、紙の書類を保管する業務は不要なのでは？」といった意見が出てくるはずです。リーダーが「本当に結果に影響がないな」と判断したら、ばっさり削ってしまいましょう。

「それ、1回に まとめられない?」

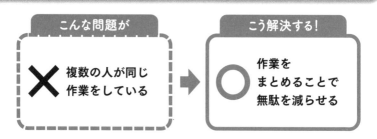

こんな問題が	こう解決する!
✕ 複数の人が同じ作業をしている	◯ 作業をまとめることで無駄を減らせる

●会社は無駄なことばかり

　顧客から届いた請求書を確認し、控えを取って業務部門に回す。業務部門では金額を確認した上で、控えを取って経理に回す。それを経理がエクセルに入力し、そのデータを業務部門に送付し、金額が間違っていないかを確認してもらう。業務部門はそれをさらに担当者に転送し、担当者はエクセルに入力された金額が間違っていないか再度チェックする。そしてそのエクセルを出力し、ハンコを押して再度業務部門に提出。業務部門ではそれをコピーして控えを取った上で、経理に提出……。

　こうやって文章化すると「なんてバカバカしいことをやっ

ているんだ」と思うかもしれませんが、これに類することは多くの職場でまだまだ行われているのが現実です。

こうした無駄を排除するために役立つセリフが**「それ、1回にまとめられない？」**です。これはまさにECRSの「Combine（結合と分離）」にあたる質問です。

：「地区ごとに営業チームのミーティングをしていたけど、**分けずに1回にまとめられない？**」

：「営業と製造とマーケティングで別々に会議をしていたけど、**一緒にやってしまえばいいのでは？**」

といったことです。

E（排除）ほどドラスティックな効果はないかもしれませんが、これもまた、リーダーであるあなたにしかできない決断です。

one more phrase

「他の人も同じことをやっていない？」

たとえば顧客に提出する市場分析の資料を、営業メンバー全員が個別に作っていたとしたら、誰か1人がまとめて作って全員に配布することで効率化が可能です。この質問でそんな無駄をあぶり出しましょう。

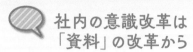

「箇条書きでいいよ」

こんな問題が

✕ 資料作成に
時間をかけすぎる
人がいる

こう解決する！

◯ 今の3分の1の
時間で
済むようになる

●社内資料に時間をかけすぎていませんか？

　E（排除）やC（結合）ほどの効果は期待できませんが、R（入れ替えと代替）やS（簡素化）の実行も、リーダーの重要な仕事です。

　フレーズとしては以下のようになります。

・R（入れ替えと代替）

😊：「誰かにお願いできないかな？」

🧑：「中間締め切りを設けるのはどうかな？」

・S（簡素化）

🙂：「ひな型を用意するのはどうかな？」

👩：「凝らずとも箇条書きで OK だよ」

このうち、ぜひ使ってもらいたいフレーズがあります。それが、**「箇条書きでいいよ」**という言葉で、資料の簡素化を求めるもの。というのも、多くの企業では、**経営陣や上司に報告するための資料作りに多大な時間が費やされている**からです。

そのすべてが無駄だとは言いませんが、本来なら、その時間を製品開発や顧客開拓などの外向きの仕事に使ったほうが、はるかに有益です。

にもかかわらず、社内向けのプレゼンに使うために立派な資料を準備することは、時間の無駄以外の何物でもありません。

しかし、部下としてはなんの指示もなければ、少しでもいい資料を作りたいと思うもの。だからこそ上司のほうから「箇条書きでいいよ」と伝えることで、この無駄を排除することができるのです。

ECRS についての質問は 1 対 1 の会話でも使えますし、チーム全体で業務改善について話し合う際にも効果的なフレームです。ある会社では、チームで話し合った結果、60 人の組織でありながら、120 個もの改善点の候補が出てきたそうです。

ぜひ、忙しすぎる職場の改善のため、使ってみていただきたいフレームであり、フレーズです。

仕事が早いかどうかは、
部下のスケジュールを見ればわかる

「3週間先の予定を
埋めていこう」

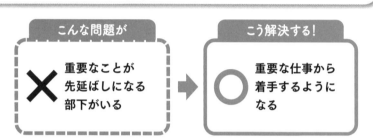

こんな問題が

✕ 重要なことが
先延ばしになる
部下がいる

→

こう解決する!

◯ 重要な仕事から
着手するように
なる

●私も昔、時間管理が苦手だった

　仕事が遅い、残業も多い……そんな、時間管理が苦手な部下に効く有名なフレームが**「重要度×緊急度」のマトリクス**（右上）です。

　このマトリクスのポイントは、目先の仕事（緊急度の高い仕事）だけでなく、重要だけれども緊急度の高くない仕事（第2領域の仕事）をいかにスケジュールに組み込むかです。

　もちろん、マトリクスを提示して「第3領域（特急の雑用）に追われて、第2領域（先々の重要な仕事）ができていないんじゃない?」などと確認するのもいいのですが、より直球で伝わるセリフがあります。

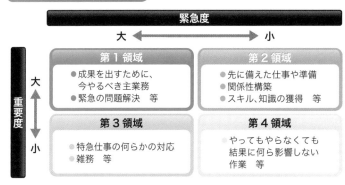

●重要度×緊急度のマトリクス

緊急度

大 ←——————→ 小

第1領域	第2領域
●成果を出すために、今やるべき主業務 ●緊急の問題解決　等	●先に備えた仕事や準備 ●関係性構築 ●スキル、知識の獲得　等
第3領域	第4領域
●特急仕事の何らかの対応 ●雑務　等	やってもやらなくても結果に何ら影響しない作業　等

重要度 大 / 小

それが、「3週間先の予定を埋めていこう」です。

時間管理が上手かどうかは、手帳を見ると一目瞭然です。時間管理が下手な人は、直近2週間より先の予定がほぼ真っ白なはず。つまり、**第2領域（先々の重要な仕事）がまったくできていない**のです。

だからこそ、「3週間先の予定を埋めていこう」というセリフで、先々の重要な仕事に目を向けさせるのです。

白状しますと、これは新人時代の私が上司に言われたセリフそのままです。

当時の私はいつも目先の仕事に振り回され、いつもギリギリで締め切りに間に合わせるといったありさまでした。しかし、このひと言で、予定は自らがイニシアチブを持って決めていくものだと気づくことができたのです。

ぜひ、バタつく部下を救うために使いたいフレーズです。

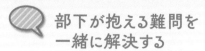
部下が抱える難問を
一緒に解決する

「まず、問題を
絞り込もう」

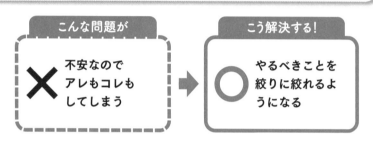

こんな問題が	こう解決する!
✕ 不安なので アレもコレも してしまう	◯ やるべきことを 絞りに絞れるよ うになる

● 「できる人」の共通点が見えてきた

　これまで長年、研修講師としてさまざまな企業の人材育成に携わってきて、確信していることがあります。それは、リーディングカンパニーで将来を見込まれている人の多くが、意識的しているかどうかは別にして **「問題解決のステップ」** を知っているということです。

　これは定番のフレームで、問題解決は次のステップで行うというものです。

Step1　問題を絞る

Step2　課題を絞る

Step3　対策を絞る（候補からベストを絞る）

同様に、できる上司は「絞って、絞って、絞りまくる」ことで、対策を講じやすくなるのです。

　たとえば、売上が落ちている営業職の部下がいたとします。ここでよくないのは、いきなり「どうしようか？」と改善策を求めること。議論が拡散してしまい、何も決まらなくなるか、あれもこれもやってしまうことになりかねません。まずは「問題を絞る」ことからスタートせねばならないのです。

😊：「まずは問題を絞り込もう。事実を確認させて」

　このセリフで、本人が抱えている「売れない」原因を出してもらった上で、1つに絞り込みます。

😊：「つまり、お客様のリピート率が落ちてきているのが問題ということだね。では、問題をここに絞って考えていこう」

　このステップを踏まないと、解決策がいつまでたっても具体化されなかったり、あまり効果のない解決策に全力を注ぐといったことになってしまうのです。

　この考え方を部下と共有し、「では、3つのステップで整理していこう」と、一緒に考えていくのもいいでしょう。

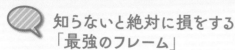

「意思決定マトリクスで決めよう」

こんな問題が	こう解決する！
✕ 勢いだけで1つの案から決めてしまう	⚫ 冷静に複数案からベストを選べるようになる

●このフレームこそが最も使える！

　数あるフレームワークの中でも私が最も使えると思っているのがこの**「意思決定マトリクス」**です。私はあらゆる組織で**「意思決定マトリクスで決めよう」**というフレーズを習慣化してほしいとすら思っています。

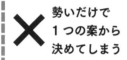

●意思決定マトリクス

	効果 (×2)	確実性	コスト	合計
A案	4	1	2	7
B案	6	2	2	10
C案	4	1	3	8

※2倍にした数値

これは、数ある選択肢の中から打ち手を決める際のマトリクスです。「効果」「確実性」「コスト」などそれぞれの要素に点数をつけていき、その合計値が高いものを選ぶのです。

　具体的には、以下のセリフとともに決めていきます。

【第1段階】たくさんの意見から、選択肢を3〜5個出す

「優先順位を決めて、3〜5個の候補を出してみよう」

【第2段階】評価基準を明確にする

「効果・確実性・コストの観点で評価をしていこう」

　※重視する項目は2倍にするなどの加重をかける

【第3段階】点数をつける

「それぞれに3点満点で点数をつけてみよう」

【第4段階】順位をつける

「B案が、最も点数が高いね。B案で問題ないかな？」

【第5段階】決定する

「OK！　では、B案でいこうか！」

　※上司も納得できる案に着地させることが前提

　1対1の面談でも使えますし、会議のファシリテーションでも使えます。ホワイトボードに、またはオンラインミーティングの際は、エクセルなどの画面を共有しながら、意思決定マトリクスを使ってみてください。誰もが納得する決定がスムーズにできることでしょう。

営業はもちろん、
経理でも人事でも絶対に必要なひと言

「まず、誰をターゲットに するかを決めよう」

こんな問題が		こう解決する！
✕ 誰のためにもならない「仕事のための仕事」をしがち	→	○ 相手の期待に沿った仕事に注力できる

●「的」を明確にしないと「矢」を投げられない

　営業や販売の活動をしている人は、絶対に押さえておくべきフレームがあります。それが **「誰に・何を・どのように」** です。

　というのも、現場の会話では「陳列を工夫しよう」「営業トークを変えよう」といったように、「どのように（方法）」に論点が偏りがちだからです。

　しかし、それだけでは対症療法に終始してしまいがちです。重要なのは、全体感を持った視点で対策を決めること。その際に有用なのがこの「誰に・何を・どのように」なのです。

　中でも特に欠けてしまいがちなのが、「誰に」の視点です。

営業なら、

👨 :「まず、誰をターゲットにするかを決めよう」
👩 :「絶対に満足させられる！と自信のある顧客層はどこ？」
👨 :「絶対に取り込みたい顧客層は？」

といった質問で、ターゲットを絞り込みます。

これは的当てのゲームと一緒。的がわからないと、どこに矢を投げていいのかわかりません。

今回は、営業・販売のケースで考えましたが、このフレームはあらゆる施策を考える際にも使えます。

営業のような「お客様」がいる仕事に限りません。たとえば新たな経理システムを入れようとしている際に「このシステムは誰にとって有益なのか？」を考えることは極めて重要です。それがないと、経理部が使いやすいシステムを入れることを優先して、社員全員から反発を受けるということにもなりかねません。

あるいは、採用を強化しようという話になったとして、「どんな人を採用したいのか」のイメージがなければ、人が集まってもミスマッチですぐに辞めてしまうかもしれません。

ぜひ、**「まず、誰をターゲットにするのかを決めよう」** を口癖にしてほしいと思います。

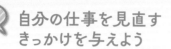

「どんな価値を提供しようとしているの?」

こんな問題が		こう解決する!
✕ モノ売りの発想から抜け出せない	➡	◯ メンバー全員が提供価値の高め方を考え始める

●「私は○○を売っています」ではダメな理由

「誰に・何を・どのように」のフレームで「誰に」の次にあたるのが「何を」です。

ここで多くの人が間違いがちなことがあります。**「何を」といったときに、具体的な商品名やサービス名ばかりを思い浮かべてしまう**、ということです。

あなたが企業研修のセールス担当だとします。あなたの仕事は企業に「研修」を採用してもらうことです。しかし、ここで「何を」を「研修を」としてしまうと、発想がそれ以上広がりません。

そうではなく、もっと深いところでの「価値」を考えるべ

きなのです。会話例で見てみましょう。

:「あなたはどんな価値を提供しようとしているの？」

:「企業に研修を提供することです」

:「その研修を採用することで、企業にはどんな価値が生まれるの？」

:「私が扱っているのはマネジメント研修なので、上司のスキルアップにつながります」

:「じゃあ、その企業は上司のスキルが低いことで、どんな不満を持っているのかな？」

:「離職率が高い、と聞いたことがあります」

　このように研修の「価値」を明確化していくのです。すると、本当に売るべきは研修というよりも「上司のスキルを高めることによって、離職率を減らすというソリューション」であることが見えてきます。

　それが見えてくると、「どのように」も自然と決まってきます。離職率を下げることを前面に打ち出した資料を作って案内をする、離職率が高そうな業界に集中してアプローチする、などです。

「どんな価値を提供しようとしているの？」、この質問を折に触れて使ってみてください。

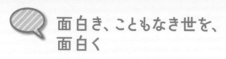

面白き、こともなき世を、
面白く

「その仕事も、
面白くできるはず」

こんな問題が	こう解決する！
✕ 「仕事が単調で 面白くない」 という部下がいる	◯ 「どんな仕事でも 面白くできる」と 考えるようになる

●「仕事は楽しい」をきれいごとで終わらせない

　部下から、「仕事がルーチン作業ばかりなので、成長を感じない」と悩みを打ち明けられたことはないでしょうか。ならば、**「その仕事も、面白くできるはず」**とぜひ、伝えてあげてください。

　とはいえ、「そんなのきれいごとだ」と言われそうです。きちんと理論武装しておきましょう。知っておくべきは「ジョブクラフティング」です。

　ジョブクラフティングとは、エイミー・レズネスキー氏とジェーン・E・ダットン氏が提唱した、仕事にやりがいを見出すための理論で、どんな仕事でもやりがいを持てるような

捉え方を示唆するものです。

　具体的には、以下の３つの視点から、メンバーに質問を投げかけてみてください。

①作業クラフティング

　自分なりに、仕事の進め方や成果物に対し工夫を加える。

「自分なりに工夫できることはないかな？」

「こうしたほうが良くなる、と思うことはない？」

②人間関係クラフティング

　関わる人を増やしてみる、または変えてみることで、新たな気づきを得たり、新鮮な関係ができることでやりがいを見出す。

「隣の部署に話を聞いてみたら？」

「好業績の○○さんに会ってみたら？」

③認知クラフティング

　目の前の仕事を社会的な側面から価値のあるものと捉え直してみるなど、仕事の大義を自分なりに整理する。

「これをしないと、誰が困るだろうか？」

「これをすることの意味ってなんだろうね？」

　私は「仕事が楽しい」のではなく、「仕事は楽しくするもの」であると考えています。こうした質問で**「仕事を面白く」できるよう持っていくのも、現代の上司の使命**なのです。

「どうしてうまく いったのかな？」

こんな問題が		こう解決する！
✕ 成功が一過性で 終わってしまう	➡	◯ さらなる 成功につなげる ことができる

●反省だけなら誰でもできるが……

　失敗はもちろんですが、成功したときこそ「振り返り」が大事です。その成功を再現性のあるメソッドに落とし込むことができるようになるからです。

　しかし、多くの部下は失敗したときは過剰に反省するのに、成功したときには喜んで終わり、となってしまいます。だからこそ使ってもらいたいのがこの**「どうしてうまくいったのかな？」**というセリフです。

　👩：「大口顧客の獲得、おめでとう。どうしてうまくいったのかな？」

👩 :「ありがとうございます。他社の大手企業の事例紹介が
　　効いたのだと思います」

👩 :「じゃあ、今回のケースも事例として使えるようにして
　　おいたほうがいいですね」

　振り返りの際に知っておいてもらいたいフレームがあ
ります。それが **「KPT」** です。

Keep：うまくいったこと、今後も継続すべきこと
Problem：うまくいかなかったこと、今後はやめたほ
　　　　　うがいいこと
Try：今後、実施すべきこと

　この3つの観点で振り返りをする方法です。
　つまり、先ほどの上司の質問である「どうしてうまくいっ
たのかな？」は、このうちのKを聞いていた、ということです。
　Kの次はP→Tの順番で聞いていきます。
「うまくいかなかったことは？」「それは、どうして？」（P）
「では、次はどうするか決めよう」「いくつか選択肢を出し
てみよう」（T）
　何より、**最初に「うまくいったこと」を聞くので、とても
ポジティブな場になります。**

4つの価値レベルで
「ちゃんと」を合わせる

★「ちゃんとやってね」で伝わるはずがない

「ちゃんとやってね」と部下に伝えても、なかなか「ちゃんと」やってくれない。でも、それはある意味当然の話です。「ちゃんと」というあいまいな言葉では、上司と部下とではそのレベルがそろわないからです。

そこで知っておいてもらいたいフレームがあります。それが「4つの価値レベル」です。サービスマーケティングの大家として知られるカール・アルブレヒト氏が著書『見えざる真実』(邦訳・日本能率協会マネジメントセンター)にて紹介しているフレームです。

右ページの図をご覧ください。「ちゃんとやる」にも、下位(基本価値)から上位(予想外価値)のレベルがあることがわかります。

【レベル 1: 基本価値】
・時間や納品基準を守るなど、履行しないとクレームになるレベル。→消極的なメンバーの「ちゃんとやる」

【レベル 2: 期待価値】
・困ったとき相談に乗ってくれる、情報を提供してくれるなど、約束したわけではないが、これくらいをやってほしいと思うレベル。→一般的なメンバーの「ちゃんとやる」

【レベル 3: 願望価値】
・「わざわざ、情報を集めてくれる」「ひと手間加えてくれ

●「ちゃんとやる」のレベル

期待を超えるレベル	予想外価値	● 驚きのレベルの価値「なぜ、そこまで?」と感じる価値	▶履行されると感動するレベル
	願望価値	● 期待はしていないものの「あれば嬉しい」と感じる価値	▶履行されなくても不満を感じないものの、履行されると高い満足を感じるレベル
期待に応えるレベル	期待価値	● 契約、約束をしたわけではないが、「当然にして期待」する価値	▶履行されないと不満に感じるレベル
	基本価値	● 約束や契約を守るレベル	▶履行されないとクレームになるレベル

る」など、なくても不満に感じないが、あれば嬉しいレベル。→好業績メンバーの「ちゃんとやる」

【レベル4: 予想外価値】

・「有料のサービスなのに、無料でやってくれる」などの特別対応のレベル。VIPサービスのビジネス等で有用。→ VIPサービスに従事する人の「ちゃんとやる」

　一般的にはレベル3の「願望価値」が「ちゃんとやる」レベルに該当します。物足りない部下の「ちゃんとやる」は、レベル1～2の「期待に応える」レベルではないでしょうか。でも、本人たちは「ちゃんとやっている」と思っているわけです。だからこそ、この表を用いるなどして「ちゃんとやる」のすり合わせをしてみてください。きっと、意図がスムーズに伝わるはずです。

★ column

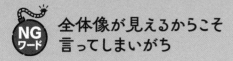

NG ワード

全体像が見えるからこそ
言ってしまいがち

「そもそも」

●「正論」だけでは人は動かない

　目先の問題の対処法を考えているのに、急に「そもそも」と言い出して、大前提を覆（くつがえ）してしまう人がいます。目先の忙しさをどうにかしなくてはならないのに、「そもそも、人員を適正配置しない会社が悪い」などと言い出すタイプです。

　上司であるあなたも気をつけてください。部下に比べて全体像が見えるだけに、「そもそも」という言葉をつい使ってしまいがちだからです。

「取引先の支払いが遅れているということだけど、そもそも、そんな取引先とは取引すべきではなかったのでは？」

　確かに「正論」かもしれませんが、部下は「責められている」という印象しか持ちません。もちろん、時に正論は必要です。でも、それは目先の問題が解決したあとに検討すべきですし、その際にも「そもそも」という否定的なニュアンスがある語は使わないほうがいいでしょう。

第5章

「この人についていきたい」リーダーの言葉

「自分の言葉」を持っていますか？

●「会社が言っているから」は最悪

　メンバーはどんな上司に「ついていきたい」と思うのか。それをひと言で表現すれば**「考え方に共感できる人」**です。

　図をご覧ください。これは、リーダーシップ研究の第一人者であるジェームズ・M・クーゼス教授らが提唱する理想のリーダー像の一端を、私なりに整理したものです。

　クーゼス教授らの著書『リーダーシップ・チャレンジ』には、以下のようなことが書かれています。

　「リーダーは、他人の価値観や言葉で人を導くことはできない。"あなた自身"についていくのだ」

　あなたが中間管理職だとしたら、自分の考えとは別に、会社の方針があるはずです。しかし、それをそのままメンバーに伝えても、人は動きません。そこに**自分の考えを乗せ、「自分の言葉」に直して伝える必要がある**のです。

　しかし、実際には「上が言っているから」「会社の方針だから」といった言葉でお茶を濁しているリーダーも多いでしょう。でも、そこに自分の思いを乗せることは可能です。

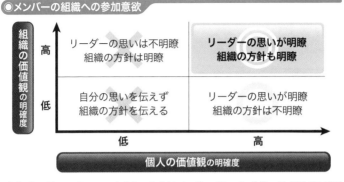

●メンバーの組織への参加意欲

組織の価値観の明確度		
高	✕ リーダーの思いは不明瞭 組織の方針は明瞭	リーダーの思いが明瞭 組織の方針も明瞭
低	✕ 自分の思いを伝えず 組織の方針を伝える	✕ リーダーの思いが明瞭 組織の方針は不明瞭
	低	高

個人の価値観の明確度

※参考:『リーダーシップ・チャレンジ』(ジェームズ・M・クーゼス、バリー・Z・ポズナー著、邦訳・海と月社)

「会社からは顧客獲得数倍増の指示が出ています。私自身は、いたずらに数字を目指すべきではないと思っていますが、本当に顧客に満足してもらえるサービスを提供することができれば、おのずと顧客獲得数倍増は可能になると考えています。ぜひ、一丸となって取り組んでいきましょう」

このように伝えれば、きっと、部下のやる気も変わってくるはずです。

ここで、小売再建のエキスパートとして名高い大久保恒夫氏が、成城石井の社長時代に語っていた言葉を紹介します。

「私は、売上より笑顔の接客を重視している。笑顔の接客があれば、何をやってもうまくいく。なので、笑顔の接客を最重要指標にしている」

会社の方針と自分の思いとの齟齬に悩むリーダーは、ぜひ参考にしてほしいと思います。

会社の方針を伝えるだけでは、
メンバーは動かない

「彼らのために頑張りたい」

こんなチームが	こう生まれ変わる！
✕ チームの方針が明確になっていない	◯ 部下がワクワクする方針を示せる

●拍手が起こった課長の名スピーチ

　私は、数々の名リーダーのスピーチや発言を分析する中で、ある法則を見出しました。この法則を知れば、**どんな人でも、リーダーとして魅力的なスピーチや会話ができるようになります**。研修でもこのことを折に触れて伝えていますが、それを実践した人は明らかに変わっています。

　その法則こそが、「They」「Before」「After」の3要素です。

「They」　「彼ら」のために（自分たちのためではなく）
「Before」　「彼ら」の放っておけない良くない状況を
「After」　「彼ら」をこんな良い状況にするために頑張る

以下は、ある求人メディアの営業課長が、朝礼でメンバーに語った言葉です。

「今、われわれのお客様である中小企業の社長（They）は、後継者不足に悩んでいることは周知のとおり。

　先日、廃業を決めた社長に話を聞かせてもらいました。家族会議を開き、それでも解決策が見出せず、70年の事業に幕を下ろす決断をしたと……。でも、早めに相談してくださったらサポートはできたはず。私はこの状況を放っておけない（Before）。

　後継者の候補を数名から選べる状況を作ることは、われわれならできるはず。1人でも多くの社長に後継者を見つけていただき、喜んでもらいたい（After）。少しでも多くの社長にアポイントをとって、話をしてほしい」

　この話を朝礼でしたところ、メンバーから賛同の拍手が起こったそうです。もし、この課長が「営業目標の必達に向けて頑張ろう」「社内No.1になろう」とでも言っていたら、それは“自分たち（We）のため”の視座であり、拍手など起こらなかったでしょう。

　どんな仕事でも、誰かのためになっているはず。そうでなくてはその事業は存続できません。ならば、その「誰か」を明確にして、**「彼らのために頑張りたい」**と宣言しましょう。きっと、部下はあなたについてきてくれるはずです。

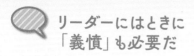
「放っておけない」

こんなチームが	こう生まれ変わる！
✕ なぜ、頑張らないといけないのかが不明	○ チーム全員が社会のためにという視点を持てる

●名経営者と呼ばれる人の共通点とは？

　昨今、「企業の社会的責任」があらゆる分野で問われています。

　単に儲ければいいという発想は通用しなくなり、「社会のためになる」「環境に負荷をかけない」といった要素をあらゆる業界で考える必要が出てきています。

　こうした傾向は、特に若手社員についても言えることです。彼らは**単なる儲けではなく、社会に貢献したいという意識を常に持っています**。リーダーもその思いに応えなければ、彼らのやる気を引き出すことはできません。

　そこで、ぜひ使ってほしいフレーズが**「放っておけない」**

です。

p153で紹介した課長がまさに、このフレーズを使っていたことを覚えているでしょう。「私はこの状況を放っておけない」というセリフで、メンバーのやる気を見事に引き出していました。

では、あなたにとって「放っておけない」ことはなんでしょうか。

保険の営業なら「病気で生活が苦しくなってしまう人を放っておけない」かもしれません。物流に携わる人なら「必要な物がなかなか届かずに苦労している人を放っておけない」かもしれません。

会社からは「売上を上げよ」「利益を出せ」という方針しか出ていないとしたら、**あなたがあなたの言葉で「放っておけない」ことを部下に伝えるようにしましょう。**

実際、名経営者と呼ばれてきたような人は皆、いわゆる「義憤」のようなものを持っていました。

経営の神様といわれた松下幸之助氏も、「指導者はすべからく私情にかられず、公のための怒りをもって事にあたることが肝要」(『指導者の条件』PHP研究所)だと述べています。

あなたの「放っておけない」ことはなんでしょうか。その思いと仕事を結びつけ、ぜひ、メンバーに語りかけましょう。

「先日、聞いたんだけど」

こんなチームが

✕ 上司のセリフに
説得力がない

こう生まれ変わる！

○ 部下の心に響く
メッセージを
届けられる

●できるリーダーは「フットワークが軽い」

　リーダーの言葉に「重み」がなければ、誰もついてきてく
れません。では、言葉の重みとはどこから生まれるのか。そ
れはリーダーの「経験」に他なりません。

　しかし、実際には経験不足のままリーダーになってしまっ
たり、業界の変化が激しすぎて経験則が通用しなくなってい
ることもあるでしょう。

　そんな中、比較的手軽に言葉に重みを与えることができる
セリフがあります。それが**「先日、聞いたんだけど」「先日、
実際に体験したんだけど」**というセリフです。

　p153で紹介した課長のセリフが、「先日、廃業を決めた社

長に話を聞かせてもらいました」から始まっていることに注目してください。課長は自分の熱い思いを伝える前に、「自分の経験」を話すことにより、説得力をさらに高めているのです。

　もっとも、言うまでもないことですが、さまざまなところに行き、さまざまな人と話し、さまざまな経験をしなければ、「先日、聞いたんだけど」「先日、実際に経験したんだけど」というセリフは使えません。

　だからこそでしょう。私のおつきあいのある**一流の人物たちは皆、積極的に人の話を聞きにいき、新しい場所にもどんどん足を運んでいます。**

　ある生活雑貨の幹部は、誰に言われることもなく、自らの意思でお客様の家庭を積極的に訪問しています。ある人材紹介会社の幹部は、地方の社長が集まる場があると聞けば、何百キロも離れた場所で開かれる会合であっても出席し、集まった社長たちの悩みを聞くそうです。

　そうして得た情報を「先日、聞いたんだけど」という言葉を添えてぜひ、伝えてください。

　上司の言葉に必要なのは「言葉の重み」です。そして、言葉の重みはリアルな経験からしか生まれません。ぜひ、どんどんと足を運び、いろいろなことを感じる機会を持つようにしましょう。

「○○までに、
＊＊を目指す」

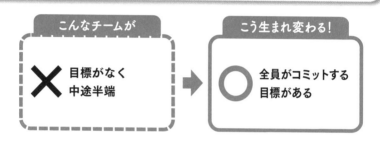

こんなチームが	こう生まれ変わる！
✕ 目標がなく 中途半端	◯ 全員がコミットする 目標がある

●崩壊寸前のチームを救ったひと言

　以前、私が管理職をしている際、チームがバラバラになってしまったことがありました。30人くらいの組織でしたが、そこにいるメンバーはベテランのエキスパート（専門職）の社員ばかりで、それぞれが自分のやり方を主張するため、衝突ばかりしていたのです。

　職場満足度のアンケートを取ったところ、満足している人はたった5％。これではもはやチームとして崩壊寸前。管理職失格です。

　そこで私はメンバーを集めて、「あること」を宣言しました。具体的には以下です。

😀：「私は1年半後に、立派な会場で、エキスパートだから
　　こそできる最先端の仕事を、100人を超える若手社員
　　のために発表したいんです」

　つまり、自分たちの仕事ぶりを発表するイベントを開こう
という提案です。
　これを伝えたのは1泊2日での職場研修の場でした。そ
の後、上司からも「やるなら大々的にやれ」と言ってもらい、
このプロジェクトは正式にスタートしました。
　正直、最初は「何を言っているんだ」という反応でしたが、
その日を境に、職場はゆっくりと変わり始めたのです。
　そして、1年半後に実際に開かれたイベントは大成功。会
場は全国から集まった110人の社員で満席になっていまし
た。そして、社員満足度は95%に回復していました。
「○○をやろう」と挑戦を宣言するリーダーはいると思いま
すが、忘れてはならないのが、そこに「期限」を設けること。
つまり、**「○○までに、＊＊を目指す」** という言い方でなく
てはならないのです。
　不退転の気持ちがなければ、なかなか言えないひと言です。
しかし、上司にその気持ちがなければ、部下は本気にはなれ
ません。そう思えないのなら、そう思うようにしてください。
私もそうでしたが、意外と思えるようになるものです。

上司は「恥ずかしいセリフを
臆面もなく言う」べき

「このメンバーなら、
きっとできる」

こんなチームが		こう生まれ変わる！
✕ チームメンバーで あることに部下が 誇りを感じない	➡	◯ 部下全員が 誇りを持てる ようになる

●ある古典的な名著の教え

1つの目標に向かっていくためには、チームが一体になる
ことが必須です。そんなとき、私がよく使っていたフレーズ
がこれです。

😎：「このメンバーなら、きっとできる」

正直、ちょっと気恥ずかしいと感じた方もいると思います。
好きな人に「好き」と面と向かって言うのが気恥ずかしいと
思うのと同じでしょう。

でも、恥ずかしがらずに使ってください。確実にチームが

変わります。

　もはや古典的な心理学のセオリーに「好意の返報性」というものがあります。ロバート・チャルディーニ氏の著書『影響力の武器』（邦訳・誠信書房）で紹介されたもので、簡単に言えば**「何かをしてもらったら、何かを返さないといけない心理になる」**ことを指します。

　私がこの本を読んだのは、部長昇進の辞令を受けた際、役員から「読んでおいたほうがいい」と言われたからです。

　正直、最初は「当たり前のことばかり書いてあるなぁ」という感じだったのですが、実際にこの本に書いてあることを実践してみると、明らかに影響力が高まっていくのがわかりました。

　以後、私は恥ずかしがらずにこうしたセリフを言えるようになりました。好意の言葉は必ず部下に伝わるという確信が持てるようになったからです。

one more phrase

「われわれはまさに、奇跡のチームだ」

　どうせ恥ずかしいセリフを言うなら、このくらいのことを言ってしまってもいいでしょう。私も大きな成功を収めたとき、このセリフを言ったことがあります。部下は苦笑いするかもしれませんが、上司の「好意」は確実に伝わっています。

「うちの会社は」が口癖になっている会社は、要注意

「ある最新のケースでは」

こんなチームが	こう生まれ変わる！
✕ 保守的な内向きの組織になっている	○ 外向きで、未来志向の会話が増える

●「内輪ネタ」が企業を滅ぼす!?

　さまざまな企業で研修をしていて、つくづく感じることがあります。

　それは、企業の規模が大きくなればなるほど、社内のことしか見えなくなる傾向があること。その結果、いつも「うちの会社は」というような話ばかりしているのです。

　ここで、心理学者のマーシャル・ロサダ氏の行ったある調査をご紹介しましょう。

　60のチームの職場における会話の内容を分析したところ、**「内向き」な会話が多い組織ほど、業績が低い**ということがわかったのです。つまり、「内向き」の会社は業績すら下が

162

ってしまうということなのです。

　ゆえに、現場のリーダーは「内向き」にならず、あえて「外向き」の会話を増やすことを心がけねばなりません。

　お勧めなのは「うちの会社は」の代わりに、**「ある最新のケースでは」「ある会社では」「A社では」**というように、他社事例を積極的に仕入れて、それを共有する風土を作ることです。上司がそれを習慣化すれば、部下も「うちの会社では」という話ばかりしていることが恥ずかしくなってくるはずです。

　ただ、気をつけてもらいたいのは、他社事例ばかり仕入れてわかったような気になること。他社はあくまで他社。そのうち、何を採用し何を採用しないかを決めることが、上司の力量に直結します。

keyword

新聞

　私は研修の参加者によく、「新聞を読んでいるか」を確認します。通常の管理職研修だと5%くらいですが、これが会社によって選抜された次世代リーダー研修となると、4〜5割くらいに跳ね上がります。新聞を読むことが大事というよりも、外に対してアンテナを張っているかどうかが、この数字の違いになっているのだと思われます。

押しつけがましくなく説得できる
便利なフレーズ

「これは私の持論
なのだけど」

こんなチームが	こう生まれ変わる！
✕ 上司が正論しか言わないつまらないチーム	○ クセが強くても持論を語る上司に部下がついてくる

●リーダーにとって「経験の棚卸し」がマストな理由

　リクルートマネジメントソリューションズ社が面白いレポートを出しています。それは、**「成果を上げているミドル・マネジャーの条件の1つは持論を持っていること」**というものです（リクルートマネジメントソリューションズ社HP「成果をあげるミドル・マネジャーは『持論』をもっている」より）。

　優れた上司は過去の成功や失敗の経験の中から自分なりの考え方ややり方を導き出しているもの。それがいわば「持論」です。

　一方、過去の経験を振り返らない上司は、いくら経験を積

んでもそれが「持論」になりません。つまり、**「持論」があ
る上司とは、過去の経験をしっかり糧にし、かつ、それを言
語化できている人**ということになるのです。

　持論があると、部下への説明や説得も大幅にやりやすくな
ります。あまり押しつけがましくなく、相手を動かしたり、
納得してもらうことができるからです。
「これは私の持論なのだけど」というセリフをうまく使うと
いいでしょう。

・・

😑：「また取引先を怒らせてしまったようだね」

🙂：「はい、すいません。ですが、さすがに今回は先方の要
　　望にも無理があったと思います」

😑：「確かにね。でも、**これは私の持論なのだけど、交渉事
　　は先に怒り出したほうが負けだと思うんだ。私も何度
　　も失敗してきた。**
　　だからこそ、いったん冷静になって対応を考えるよう
　　にしてみない？」

　もちろん、持論を語るためにはまず、自分の経験を振り返
ることで、持論そのものを持つことが大事です。
　リーダーの立場になったらぜひ、自らの経験を棚卸しして
みてください。

「あなたにしかできない」という思いが、
部下を熱くする

「○○さんだからこそ
お願いしたい」

こんなチームが		こう生まれ変わる！
✕ つい部下に、細かく指示をしてしまう	➡	◯ たったひと言で部下のやる気に火がつく

●会社を辞めるのを踏みとどまらせたひと言

　部下に何かをお願いする際、あなたはどのように頼んでいますか。「○○してもらっていい？」「○○をお願いできるかな？」という言い方が一般的ではないでしょうか。

　でも、あえてこのように言ってみてください。

😐：「○○さんだからこそお願いしたい」

　きっと、部下のやる気は目に見えて変わります。

　ただ、気をつけてほしいのは、こうしてお願いしたからには、ある程度「任せる」必要があるということです。

「○○さんだからこそお願いしたい」と言っておきながら、細かいやり方まであれこれ指図していたら「別に誰がやっても同じじゃない？」となってしまいます。

細かいやり方についてもある程度任せてしまうことで、部下も「本当に信頼してもらっているんだな」と感じてくれるというわけです。

私自身にもこんな経験があります。会社員時代、まったく望んでいない役職への辞令を受けたときのことです。正直「会社を辞めようかな」とすら思ったのですが、当時の上司から、「この仕事は伊庭しかできない。伊庭だからこそ、お願いしたい」と言われ、受けることにしました。そして、そう言われたことが意外と嬉しくて、かなり前向きに新しい職務に取り組めたのです。

上司のひと言の重さを感じた瞬間でした。

keyword

善意のウソ

ところで、「本心では任せるのに不安があるときでも、『あなただからこそ』と言い切ったほうがいいか」という質問をよく受けます。難しいところですが、私は「言うべき」と答えます。それが、部下のためにも会社のためにもなるのなら、「善意のウソ」はついていい。私はそう割り切っています。

「70点でいい」

こんなチームが	こう生まれ変わる！
✕ 部下に仕事を任せられない（自分でやりがち）	◯ 部下にどんどんチャンスを与えられる

●完璧主義の上司のワナ

「部下の自主性を高めるには、任せることが大事」ということを何度も言っている私ですが、白状すると、本来の私は細かな点が気になるタイプです。この文章を書いているときもそうです。何度も読み返し、文章を入れ替え、ときには体言止めにし……。どちらかといえば職人タイプなのでしょう。

でも、人に任せる際は、こう言い聞かせています。「あえて、70点でいい」と。

これには、管理職時代の苦い失敗があるからです。

当時の私はキャンペーンの企画を考えるプロジェクトのリーダーでした。キャンペーンのタイトル、デザイン、賞品な

ど細部まで完璧に仕上げ、意気揚々と上司に提案をしたところ、こう言われたのです。

😎 :「企画は問題ない。いいと思う。でも、伊庭1人が考えた企画になっていないか？」

🧑 :「そうですね。ほとんど私が考えていますね……」

😎 :「だとしたら、ボツ。プロジェクトメンバーの視点でよく考えてくれ。上司が考えたものをやらされるか、自分たちが考えたものをやるか、どちらが組織として推進力が出る？　どちらが育成につながる？　まだ、プレイヤーの視点になってしまっている。管理職はここを間違えてはいけない」

　まさに、そのとおり。それ以来、私は「プレイヤーモード」と「マネジメントモード」を、スイッチを切り替えるように使い分け、**マネジメントモードのときは「あえて、70点でいい」と割り切る**ようにしました。

　その結果、部下に任せることがとてもうまくできるようになったのです。

　かといって、部下に対して最初から「70点でいいよ」とは言いません。これはむしろ、自分に言い聞かせるための言葉なのです。

あえて「絶対達成できる目標」を
与えるという手も

「この調子でいけば
大丈夫！」

●「化け物のようなリーダー」のこまやかな手法

　かつて、四半期目標を70回以上連続で達成し続けている
化け物のような営業マネジャーの部下になったことがありま
した。

　彼のマネジメントは独特でした。まず、メンバーに1週目
の目標を自分で決めさせます。それも、必ず達成できるくら
いの低い目標数字を設定させるのです。

　そして1週間後、彼は高らかにこう言うのです。

:「最高のスタートが切れた！　この勢いでいこう！」

最初から「必ず達成できるくらいの低い目標数字」を自分たちで立てたのですから、達成できるのは当然といえば当然です。しかし、実はこれはとても理にかなったマネジメントなのです。

　リーダーシップ研究の大家、ジョン・P・コッター氏は変革を起こす際、「短期的な成果を実現する計画立案」が重要だと説いています。あまりにゴールが遠いところにあると、変革は途中で中だるみしたり、形骸化したりしがちです。だからこそ、**まずは比較的短期間で実現できる成果を目標に据え、まずはそこを目指す**ことが大事だということです。

　これは、先ほどの上司がやっていることとほぼ同じです。コッターの言葉を知っていたかどうかはわかりませんが、「まず、短期的な目標を達成させる」ことがチームのモチベーションを高めることを知っていたのです。

　あなたもぜひ、最初の目標を達成した際に、あるいは少しでも「成功の兆し」が見えたとき、力強くこう言いましょう。

　👤：「**いい調子で進んでいるね。この調子でいけば大丈夫！**」

　ちなみに「成功の兆し」とは、具体的な売上数字などに限りません。顧客からの反応が良くなった、メンバー同士の会話が増えたといったことも十分「成功の兆し」になり得ます。

「プレイングマネジャーは是か非か」の結論

★ほとんどの上司が「プレイングマネジャー」の時代

　リーダーにとっての永遠の問いがあります。その問いとは、「リーダーはどこまで自分の手を動かすべきか」ということです。

　現在の上司のほとんどがいわゆる「プレイングマネジャー」です。

　しかし、そのプレイヤーとマネジャーの割合はさまざまで、「自分の仕事5割、マネジメント5割」の人もいれば、「自分の仕事9割、マネジメント1割」の人もいるでしょう。

　もちろん、リーダー自身が汗をかいて働くことは、部下の信頼を得るための重要な要素です。

　とはいえ、自分の業務に追われてマネジメントがおろそかになっては逆効果です。

　リクルートワークス研究所のレポート（プレイングマネジャーの時代 / 2019）によると、「リーダーが個人業務を3割くらいに抑えている組織は成果指標が高い。一方で、5〜6割を超えると一気に成果指標が下がる」ようです。

　これが1つの指標となりますが、最適な仕事の割合は正直、その人の立場やチームの規模、会社のスタンスなどによって違ってくるでしょう。

　ただ、1つ参考になる考え方をお伝えしたいと思います。それは、「上司にしかできない業務」とは何かを整理し、そ

れを仕事の中心に据えるということです。

★「不」を解消してくれる上司が、尊敬される

その際のキーワードとなるのは、「○○を解消する」仕事かどうかです。

たとえば、業務フローが複雑でメンバーの仕事がいつまでたっても終わらないようなケース。この解決を図ることは「繁雑な業務を解消する」ということで、上司の仕事でしょう。

メンバーが他部門との調整に時間を取られているのなら、上司間で解決を図るのも上司の仕事です。これは「部門間の壁を解消する仕事」です。

一方、「顧客を訪問し、注文を取ってくる」仕事は、部下でも代替可能かもしれません。ならばそれは上司の仕事ではありません。

しかし、関係が悪化してしまった顧客との関係修復のために足を運ぶのは「関係悪化の原因を解消するため」で、上司の仕事となります。

私が研修を通じていつも申し上げていることがあります。尊敬を集める上司に共通するのは、「部下がより働きやすくなる」「部下がより成果を出しやすくする」など、部下の不（不安、不満、不便）を解消するために汗を流している人だということです。

こうした仕事を積極的に行うことで、ぜひ部下に「マジですか？」「助かります！」と言ってもらえるようになってほしいと思います。

★ column

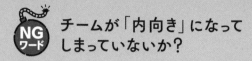

チームが「内向き」になって
しまっていないか?

NG
ワード

「うちの会社では」

●内向きの会社に未来はない

本文でも述べたように「内向きの会社」は業績すら下がってしまう危険性があります。

しかし、大企業になればなるほど、どうしても内向きになりがちです。

その象徴ともいえるセリフが「うちの会社では」です。

会話にしょっちゅう「うちの会社では」というセリフが出てくるようなら、要注意です。チーム全体の思考が内向きになっている可能性があります。

また、部下が他社の貴重な情報を伝えてくれたにもかかわらず、「うちの会社では難しいな」などと言ってしまっていないでしょうか。

そのまま真似することはできなくても、参考になる部分は必ずあるはず。それを妨げてしまうのが「うちの会社では」という発言であり、発想なのです。

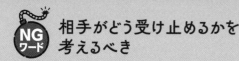

「そんなことでは 任せられません」

●「退職勧告」と受け取られてしまうことも？

　期待をもって仕事を任せていた部下が思いどおりの成果を
出せなかったとき、「そんなことではもう、任せられません」
というセリフをつい、言いたくなるかもしれません。

　でも、これはとても危険な言葉です。「お前はもういらない」
「辞めてもらってもいいよ」とすら受け止められかねないか
らです。

　実際にはそんなことを思っていなくても、相手がどう受け
取るかが問題なのです。その結果、「上司から辞めろと圧力
をかけられた」と言われたら、言い逃れできません。

　ここは、「問いかけ」にするのが正解です。たとえば、以
下のようなセリフです。

「任せたいけど、どうしようか」

　こうした問いかけにより、自分で問題に気づいてもらうの
です。NG
ワード

響く
ほめ方、
嫌われない
叱り方

下手なほめ方は「逆効果」になる

●「ほめるのが正解」はすでに立証されている

あなたは、部下をほめて伸ばすタイプの上司でしょうか。それとも、厳しく接して伸ばすタイプの上司でしょうか。

ときに厳しく接する必要があるのは確かですが、基本的には**「部下はほめて伸ばすべき」**だということは、数々の研究ですでに明らかになっている事実です。他者から"期待"されることで成果が上がる「ピグマリオン効果」、他者からの"称賛"が本人のモチベーションを高める「エンハウジング効果」など、こうした研究は枚挙にいとまがありません。

そうした流れを反映してか、管理職研修を行う際に聞いてみると、「部下をほめるようにしている」と回答する管理職は約8割にも上ります。

ですが……私は管理職研修と同時に、若手研修も数多く行っているのですが、そこで聞こえてくる声からは「ほめることの難しさ」をつくづく痛感します。

「ほめられても、素直に受け取れない」

「ちょっと、バカにされているようにも感じる」

「実際にはそこまで評価してはいないんだろうなと感じる」

　もちろん、全員ではないのですが、上司のほめ言葉をこのように受け取ってしまう人もいるのです。

　こうした**ギャップが生じてしまう原因は、上司が「正しいほめ方」を知らないから**です。

　たとえば、「さすがだね」というほめ言葉。悪気はなくても、言い方によってはなんだかバカにされているように感じます。あるいは、「いや～、優秀だね」というほめ言葉。「上から目線」で不快感を覚える人も多いのです。

● 「叱る」が行われていない職場

「ほめる」と同時に必要となるのが「叱る」です。ほめるだけでは部下は成長しません。叱ることも両輪で必要です。

　しかし、多くの会社でそれが実行されていません。2021年のリクルートワークス研究所の調査によれば、叱られたことがない新入社員は「4人に1人」にも上り、**ホワイトすぎる職場に「このままでは成長できない」と不安を感じる若手も少なくない**ようです。

　ほめても素直に受け取ってくれず、叱られることにも慣れていない。そんな職場でどのような言葉でほめたり叱ったりすればいいのか。本章で紹介するのは、そんなときに役立つとっておきの言葉です。

その人が輝いたタイミングを
逃してはならない

「普通は
なかなかできないよ」

ダメなほめ方	心に響くほめ方
✕ よくやったことを ほめるだけ	○ 強みをほめて 部下の自信が 高まる

●ドラッカーの定義する「リーダーの仕事」とは？

　いくらほめるのが大事だとはいっても、突然「○○さんは本当に素晴らしいですね」などとほめ始めたら、怪訝な顔をされるだけです。**ほめるタイミングも大事です。**

　部下をほめるべきタイミングが来たら、間髪いれずに次のような言葉でほめるようにしましょう。

😐：「（普通は）なかなかできないよ」

　これは部下の強みをほめるフレーズです。部下の自信にもなる、ぜひ使ってもらいたい言葉です。

以下は、部下の電話対応をほめるシーンです。

👩：「（電話に向かって）ありがとうございました。ご不明な点があれば、いつでもおっしゃってください。引き続きよろしくお願いいたします」（受話器を置く）

🧑：「今の電話、とても気配りのある言い回しだったね」

👩：「そうですか？」

🧑：「うん、**なかなかできないよ。誰かから教わったの？**」

👩：「いえ、見よう見まねです」

🧑：「**普通はなかなかできることではないよ。ぜひ、その調子で頑張ってね**」

　マネジメント論の大家、ドラッカーはマネジャーの役割について、「人の持つ強みや創造性を発揮させ、社会の利益につなげる責任を持つということ」という趣旨のことを言っています。

　ほめることの意味はまさに、このひと言に集約されます。つまり、リーダーの仕事とは「その人の強みや創造性を発揮させる」ということであり、**ほめるとは「自分の強みや創造性に気づいてもらう」ということ**なのです。

　そのためには、部下が「強みや創造性を発揮した」瞬間にぜひ、この言葉でほめてあげてください。

プライドの高い部下の心を
じわじわと溶かしていく

「いてくれるだけで」

ダメなほめ方

✕ プライドの高い
部下が
動いてくれない

心に響くほめ方

○ 無条件の感謝で
お互いの関係が
融和する

●相次ぐ不正の原因は「自尊心の低さ」?

あなたの職場にこんな部下はいないでしょうか。何かをやるよう促しても、もっともらしい理由をつけてやろうとしない。でも、人一倍プライドは高い……。

プライドが高く、チャレンジしない人の共通点として、「自尊心が低い」 ことが上げられます。

自尊心は、「あなたは大切な存在」「いてくれるだけで嬉しい」と周囲が思ってくれる経験を通じてつちかわれます。「人と比較ばかりされてきた」「ほめてもらえるのは良い結果を出したときだけ」といった環境で過ごしてきた人は、自尊心が低くなる傾向があります。

その結果、**職場でも「成功しないと認められない」と考え、それがチャレンジを妨げてしまうのです。**

　ちなみに、定期的に世の中を騒がす「架空計上」などの不正の根底にも、「自尊心の低さ」があることがしばしばです。「成果を出さないと評価してもらえない」というプレッシャーが不正を生む、という構図です。

　ならば、**上司であるあなたが、無条件に部下のことを認めてあげましょう。**その際のセリフは**「いてくれるだけで」**というものです。

👤：「あなたがいてくれるだけで、みんな助かっているよ」

👩：「Ａさんがいるだけで、みんなが元気になる」

🧑：「あなたがいるだけで、話しやすいムードになりますね」

　折に触れてこのように「存在を認め、ほめて」あげてください。徐々に変わっていってくれるはずです。

セルフ・ハンディキャッピング

「もっともらしい理由をつけて、やらない」ことを心理学でこう呼びます。やって失敗して傷つくくらいなら、やらないほうがマシ。このような風土からは、自主性は生まれません。

第
6
章

● 響くほめ方、嫌われない叱り方

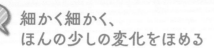

細かく細かく、
ほんの少しの変化をほめる

「だんだん、
良くなってきたね」

ダメなほめ方		心に響くほめ方
✕ 最終結果しか ほめないので 失敗を恐れる	→	◯ Step by Step で ほめるから部下の 自信が向上する

●ほめ言葉1つで、成長スピードが大きく変わる

　誰でも新しいことを始める際は不安なものです。しかも、「失敗を恐れる」傾向のある昨今の若手に、どのように新しいことに挑戦してもらうかは、重要なテーマです。

　ここで参考になるのが、心理学者のバラス・フレデリック・スキナー氏が提唱した「シェイピング法」です。

　目標を小さなステップ（スモールステップ）に分け、**ステップごとに達成感を得ていくことで行動を強化していく**という手法で、これはマネジメント全般に役立つ考え方ですが、「ほめ方」という意味でもおおいに参考になります。

　以下は接客業に未経験者が入ってきたケースでの「ほめ方」

の例です。

....

👩 :（1日目）「お客さんに声がけできるようになりましたね。
　　　　　　　いいですね」

👩 :（2日目）「明るい声での声がけで、お客さんに好印象を
　　　　　　　与えていますよ」

👩 :（3日目）「説明の仕方がだんだん、良くなっていますね。
　　　　　　　この調子で頑張りましょう」

👩 :（4日目）「ついに買っていただけましたね。おめでと
　　　　　　　う！」

　このように、**「だんだん、良くなってきた」とちょっとず
つ良くなっているところを細かくほめる**というわけです。

　シェイピング法では最初に細かなステップを設定する必要
がありますが、そこまでしなくても結構です。「些細な変化
を細かくほめる」ことで、それと同等の効果が見込めます。

　このとき、「手本を見せる」ことも重要です。上司である
あなたや先輩が実演したり、手本になる動画を見せるなどで
もいいでしょう。こうした手本を示すものをシェイピング法
では「プロンプト（行動を促すもの）」と呼びます。

　上司からのポジティブなフィードバックほど、部下にとっ
て自信になるものはありません。

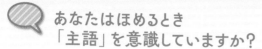

「私は嬉しいです」

ダメなほめ方	心に響くほめ方
✕ YOUメッセージで ムカつかれる ことも……	○ Iメッセージで 素直に受け取って もらえる

●「一流だね」とは言わないほうがいい理由

　誰かをほめる際、あなたは「主語」を意識したことがありますか。日本語ではしばしば主語が省略されますが、**ほめる際にはぜひ、「主語」を意識してほしい**のです。

　具体的にはまず、「私」を主語にしたほめ方です。

「嬉しいです」→「私は嬉しいです」

「すごいね」→「私は○○さんがすごいと思います」

　こうした「私」を主語とした伝え方を**「Iメッセージ」**と呼びます。

　日本語として少しぎこちないと思われたかもしれません。「私は」と言わずとも、「すごいと思います」でもOK。「私は」

と無理やりつけ加えなくても、自分を主語にする表現にすれば、それはＩメッセージとなります。

「昨日作ってくれた資料、素晴らしかったです」→「昨日作ってくれた資料で、今日のプレゼンがとてもうまくいって、（私は）本当に助かりました。ありがとう」

やはり、後者のほうがより、伝わる表現になります。

一方、それと対照的なのが「YOUメッセージ」、つまり、相手を主語にしたほめ方です。

「（あなたは）さすがですね」「（あなたは）一流だね」といったほめ言葉は、YOUメッセージにあたります。

こうした言葉が絶対に悪いわけではないのですが、どうしても「上司が部下を評価する」というニュアンスが出てしまいます。今の人は「上から目線」に敏感です。

こうしたほめ言葉を言いそうになったら、「Ｉメッセージ」に変換する癖をつけるようにしましょう。

:「私は、（○○さんが）すごいと思う」
:「私は、（○○さんに）とても助けられている」
:「私は、（○○さんが＊＊できて）嬉しい」

意識しなくてもこうしたほめ言葉が出てくるようになれば、理想です。

「みんな、
喜んでいるよ」

ダメなほめ方	心に響くほめ方
✕ Iメッセージでほめるだけではもったいない	○ WEメッセージでほめるとチームワークが良くなる

●競争よりも貢献を求める若手

　昨今の若手は「貢献実感」を求めているとよくいわれています。

　実際、リクルートマネジメントソリューションズ社の「新入社員意識調査2023」によれば、「仕事をする上で重視したいこと」への回答として、26.7％の人が「貢献」を上げています。これは1位の「成長」（28.8％）に次いで、2番目に高い数字です。

　一方「競争」は最下位になっており、働く人の意識が大きく変わりつつあることがわかります。

　そんな人にぜひ、使ってあげたいほめ言葉が「**みんな、喜**

んでいるよ」「みんな、助かっているよ」です。つまり、「みんな」を主語にしたほめ方です。

👩：「○○さんのおかげで業務が円滑に進むようになって、みんな喜んでいるよ」

👨：「みんな、○○さんのおかげだと感謝していたよ」

🧑：「チーム全員が助かっています」

　このような伝え方です。

　p186で「Iメッセージ」によるほめ言葉について解説しました。それに対してこの**「みんな」や「チーム全員」を主語にした伝え方は「WEメッセージ」です。**

　ぜひ、貢献実感を求める若手に使ってあげてほしい言葉です。

keyword

成長実感

「新入社員意識調査2023」で新入社員が最も重視すると答えたのが「成長」です。上司がいかに「成長実感」を与えることができるかは、マネジメントの重要なキーワードです。たとえば、「この仕事は大変だけど、必ずスキルアップにつながる」といった言い方もまた、上司に求められるのです。

第6章 ● 響くほめ方、嫌われない叱り方

189

職場に良い影響を与えてくれると、
みんな嬉しい

「おかげで、職場の
雰囲気が変わった」

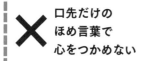

ダメなほめ方	心に響くほめ方
✕ 口先だけの ほめ言葉で 心をつかめない	○ 行動・状況・影響 の観点でほめ、 しっかり心に響く

●「ハンガーを拾った」ことすらほめる!?

　上司がほめても、「口先だけ」「心にもないお世辞を言っている」など、部下がそれを素直に受け取ってくれない。その原因の大半は「具体的にほめていない」ことです。より正確に言えば、**「具体的にほめていると思っているけれど、まだ足りない」**です。

　私が感銘を受けたある事例を紹介しましょう。アパレルチェーンの洋服売り場のリーダーが、実際に部下をほめたときの言葉です。

　「ありがとう。さっき、ハンガーを拾ってくれたよね。そのとき、ハンカチでホコリを拭いて、戻してくれていたね。そ

の姿勢は、他の人へのお手本になる。ありがとうね」

　これを聞いて、「ここまで細かくほめるのか！」と驚きました。このリーダーは部下に強く慕われており、その会社に何百人もいる管理職の中で、常にトップクラスの評価を受けています。その理由の一端がわかったような気がしました。

　具体的にほめるためのポイントは、事実を「行動」「状況」「影響」の３つに分けることです。そして、すべての要素をほめ言葉の中に入れていきます。

　中でも効果的なのが「状況や影響をほめる」言葉。使いやすいのが**「職場の雰囲気が変わった」**というひと言です。

😀：「今日も、明るい挨拶だね」（行動）

😀：「おかげで、**職場の雰囲気が変わったよ**」（状況）

😀：「それによって他の人も積極的に挨拶するようになった。ありがとう！」（影響）

　ここまで具体的な言葉でほめると、部下も「口先だけ」だとは思わないことでしょう。中でも、「貢献実感」を得たい部下にとっては、「職場を変えた」という言葉は嬉しいはずです。

　先ほど紹介したリーダーのほめ方もまさに、これらの要素を踏襲していることがおわかりいただけると思います。

「よく頑張ったね！」

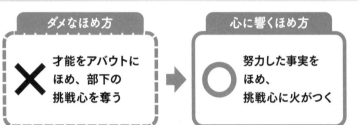

ダメなほめ方	心に響くほめ方
✕ 才能をアバウトにほめ、部下の挑戦心を奪う	○ 努力した事実をほめ、挑戦心に火がつく

●ある優秀な営業パーソンの悩み

アメリカの心理学者、キャロル・ドゥエック教授が行った
興味深い実験があります。

まず、小学生数百人にあるテストを実施。その後、生徒た
ちを２つのグループに分け、異なるほめ方をしたのです。

Ａグループ：「よくできたね。頭がいいのね！」とほめる

Ｂグループ：「よくできたね。努力したのね！」とほめる

そして、その後「１回目と同じレベルの問題」と「もっと
難しい問題」の２種類のテストを用意し、生徒にどちらをや
るかを選ばせたところ、顕著な違いが出ました。

「よくできたね。頭がいいのね！」とほめたＡグループの

生徒たちの多くは、1回目と同じレベルの問題を選択したのに対し、「よくできたね。努力したのね！」とほめたBグループの生徒たちの9割が、もっと難しい問題を選択したというのです。

つまり、**「頭がいい」「優秀だ」といった「才能」をほめるとそれがプレッシャーになり、挑戦の妨げになる**可能性がある一方、**「努力」をほめると、人はより挑戦しようとする**傾向があるということです。

この研究を踏まえて、お勧めのほめ言葉をご紹介しましょう。それは、**「よく頑張ったね！」**です。

結果を出した部下にはその成果をほめたくなりますが、あえて「よく頑張ったね」とプロセスをほめるのです。この言葉はもちろん、結果が出なくても頑張っている人をほめる際にも使えます。

以前、ある人から受けた相談がとても印象に残っています。その人はとても優秀な営業パーソンなのですが、こんな思いを私に吐露してくれたのです。

「今は営業目標を連続で達成できていますが、不安で仕方がありません。いつ、未達成になるのか……。メッキがはがれるのが怖いんです」

こんな人にこそ、「よく頑張ったね」とぜひ、伝えてあげてほしいと思います。

叱るとはダメ出しではない。
期待をかける行為である

「○○さんだからこそ、
言います」

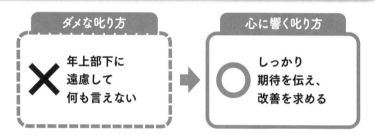

ダメな叱り方	心に響く叱り方
✕ 年上部下に遠慮して何も言えない	◯ しっかり期待を伝え、改善を求める

●年上部下になめられていた自分

　叱るのは、ほめること以上に難しいものです。しかも昨今はちょっと間違った叱り方をすると「ハラスメント」と言われてしまいます。

　そんな「ハラスメントの地雷原」をひやひやしながら歩いている上司にお勧めの、叱る際の「枕詞」をご紹介したいと思います。それが**「○○さんだからこそ、言います」**というひと言。

👩：「**○○さんだからこそ、言いますね**。先ほどのあのやりとりは、さすがに顧客に対して失礼だと思います」

この言葉はつまり、「相手のことを尊重している、期待を
かけているからこそ、叱る」ということを表しています。だ
から、相手も聞いてくれるというわけです。

　この言葉は、私が管理職時代に懇意にしていたある会社の
役員に聞いたことがヒントになって、生まれました。

　当時、年上の部下を多く抱えていた私は、どうしても遠慮
してしまって言いたいことを言えず、悩んでいました。その
ことを相談したところ、その役員の方はこう言ったのです。
「叱らないと、なめられるよね。こう考えるといいよ。**『叱
るということは、期待をかけることだ』**と。その上で、年上
には、**『どうしたんですか！　あなたほどの人が……』**と添
えて、そうなった理由を聞き、改善を求めるといい」

　確かに当時の私は、遠回しに示唆するような言い方しかで
きておらず、年上部下になめられていたところがあったかも
しれません。このアドバイスに従うことで、徐々に言いたい
ことが言えるようになりました。それに従って、年上部下の
態度も変わってきたように思います。

「〇〇さんだから、言いますね」

「〇〇さんほどの人が、珍しい」

「〇〇さんらしくないですね」

　このような表現で、**相手を尊重してから、改善を求める。**
この流れを忘れないようにしてください。

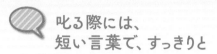

叱る際には、短い言葉で、すっきりと

「さすがにそれはダメ」

ダメな叱り方	心に響く叱り方
✕ 長々と叱るから、恨まれる	○ 30秒で済ますと、反省を促せる

●ほめ方と叱り方のコツは、実は正反対

　ほめる際は「内的帰属要因」（存在そのものや価値観、能力など）をほめるのがポイントですが（p202 コラム参照）、一方、叱るときはそれが正反対になります。

　つまり、存在そのものや価値観、能力などを叱ってはならず、**「行動や結果」（外的帰属要因）だけを叱るべき**です。

　部下が請求書の処理を忘れ、ずっと机の中に放置してしまっていたケースで考えてみましょう。

　「請求書の処理を忘れるなんて、このままでは、やっていけないよ」(存在を否定)

　「ちょっと仕事を甘く考えているのではないですか？」(価

値観を否定)

「書類の処理の仕方に根本的な問題があるのでは？」（能力を否定）

　このように「内的帰属要因」を叱られると、部下はなすすべがなくなります。言い方によってはハラスメントと捉えられてしまう可能性もあります。

　むしろ、事実だけを淡々と指摘するほうがいいのです。そして、そのときに使えるフレーズが**「さすがにそれはダメ」**です。

：「請求書の処理を忘れるというのは、さすがにそれはダメだと思います」

　そしてその後、本当の問題はどこにあったかを話し合い、改善策を求める。その流れが重要なのです。

one more phrase

「残念です」

　叱るときにいわゆる「Iメッセージ」に変換するという方法もあります。「このようなことになって、とても残念です」という言い方で、相手を否定することなく懸念を伝えるのです。ただしこの場合もやはり、その後の問題点の話し合いやフォローを忘れずに。

「あなたを信じています」

ダメな叱り方	心に響く叱り方
✕ 優しいだけで部下の成長につながらない	○ 想いを込めて言うべきことを言う

●ときには厳しく伝えることも必須

「DESC法」という話し方のセオリーがあります。「事実を描写する」(Describe)、「意見を示す」(Explain)、「提案する」(Suggest)、「選んでもらう」(Choose) の頭文字を取ったもので、この流れで話すことで、厳しいこともしっかりと納得してもらうことができるというもの。いわゆる「アサーティブ」と呼ばれるコミュニケーション手法の一種です。

叱る際にも有効なセオリーなのですが、ここでぜひ、つけ加えてもらいたいセリフがあります。それが**「あなたを信じています」**というひと言です。

遅刻を繰り返す部下のケースで説明しましょう。

😐：「今月、2回目の遅刻ですね。先週、時間を守るように
　　するとともに、もし、遅れる場合は連絡をしてほしい
　　と伝えました。でも、今回もそれがありませんでした」
　　（Describe）

😶：「はい、すいません……」

😐：「同じことを繰り返したこと、さらには連絡もなかった
　　こと、とても残念です。さすがにこれはダメだと思い
　　ます（Explain）。**でも、あなたを信じています**」

😶：「……」

😐：「そのためにも、改めて今回の経緯を説明してもらうと
　　ともに、その解決策を一緒に考えましょう」（Suggest）

😶：「朝の体調によって、準備の時間がかなり変わってしま
　　うんです……」（解決策を一緒に考える）

😐：「ある程度体調の変化があっても対処できるよう、前日
　　までに準備を整えておく。この対応法は私はいいと思
　　いますが、あなたはどうですか？」（Choose）

😶：「はい、やってみたいと思います」

「私はあなたはできる人だと思っている」というひと言が、
部下を前に向かせます。ぜひ、照れずに使ってほしいと思い
ます。

厳しい評価をする際にこそ、
上司の本質が問われる

「この結果について どう思う?」

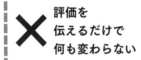

ダメな叱り方		心に響く叱り方
✕ 評価を伝えるだけで何も変わらない	→	○ 評価を伝える際、考えさせることで飛躍のチャンスに

●「フィードバック」をする会社が増えている

　昨今は「フィードバック」という形で、部下に直接評価を伝える会社が増えてきています。その際にはどうしても、悪い評価をしなくてはならないこともあるでしょう。

　そんなときにぜひ使ってほしいのが、「この結果についてどう思う?」というひと言です。

　具体的には、以下のステップで伝えます。

Step1:「事実をストレートに通知」

Step2:「本人の気持ちを聞く」

Step3:「気づきを与える質問をする」

　では、フィードバックのシーンで見てみましょう。

:「では、今回の評価のフィードバックをします。達成率が70%と未達だったので、評価を1ポイント下げました。**この結果について、どう思いますか？**」

:「……確かに目標は未達でした。でも、取引先の業績悪化の影響を受けたことも大きく、そのあたりはぜひ考慮してほしいと思います」

:「もう少し詳しく聞かせてもらっていいですか」

　そして、その後は聞き役に徹します。その中で、「今から思えば、できることはありませんでしたか？」「取引先の業績悪化の予兆はなかったですか？」などと質問を挟み、気づきを与えていくのです。

　要するに、**厳しい評価を納得してもらうためには、「上司が話す」ことよりも、「部下に話してもらう」ほうがいいの**です。

　叱り方に絶対の正解はありません。事実だけを淡々と伝えるほうがいいこともあれば、このようにじっくり話してもらったほうがいいこともある。

　ただ、「フィードバック」という場においては、「この結果についてどう思う？」というひと言で思い切り話してもらうほうがいいと私は考えています。

「内的帰属要因」と「外的帰属要因」

★ 「目標達成、おめでとう」より響くほめ言葉

　私が研修で「ほめる・叱る」の話をする際、必ずお伝えすることがあります。ほめる際は「外的帰属要因」でとどめずに、「内的帰属要因」をほめよ、ということです。

　まずは、図をご覧ください。

◉ほめる際に知っておきたい「意識レベル」

ほめどころ

| 内面 | 自己認識（存在そのもの）
価値観（考え方やスタンス）
能力（できること） | 内的帰属要因 |

| 外面 | 行動（したこと）
環境（結果） | 外的帰属要因 |

　これは本人の「意識レベル」を表す図で、NLPで用いられる考え方です。

　上に行くほど「本人の内面」に深く入っていき、上下で2つの要素に分かれます。上の3要素が本人の内面（内的帰属要因）。下の2要素が本人の外面（外的帰属要因）です。

　そして、ほめるときにはこの上の3つ、つまり「自己認識（存

在そのもの)」「価値観（考え方やスタンス）」「能力（できること）」をほめるほうがいい、ということです。

「あそこまで頑張れる○○さんはすごい」（能力）

「責任を果たそうとするその姿勢に感銘を受けました」（価値観）

「○○さんがいるだけで励みになる」（存在そのもの）

このようなほめ方がまさに、内的帰属要因をほめるということになります。

一方で、「今月もすごい数字を達成したね。おめでとう」などのほめ言葉は、外的帰属要因をほめたことになります。悪くはないのですが、やはりどちらが響くかといえば、「内的帰属要因」をほめられたときだと思います。

★ 「叱る」際には正反対になる

内的帰属要因をほめられると、自分自身を認めてもらえている感覚になり、強く印象に残ります。私自身、もう30年も前に先輩にほめてもらった言葉を今でも覚えています。

「商談が決まったね。おめでとう。伊庭は対人感受性がすごくいい。それは、これからも武器になるよ」

もっともこれには後日談があり、数年後に先輩に会ったときにそのことを伝えたら、まったく覚えていなかったのです。上司にとっては何気ないひと言でも、部下にとっては大きな影響を与えることがあるのです。

実は「叱る」ときはこれと正反対となります。つまり「外的帰属要因」を叱り、「内的帰属要因」を叱ってはならない、ということです。

★ column

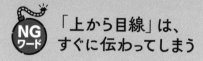

「さすが」

「上から目線」は、すぐに伝わってしまう

●せっかくほめているのに逆効果？

　昨今の人は「上から目線」に本当に敏感です。ちょっとでも「評価する」ニュアンスの言葉だと、それがほめ言葉であっても素直に受け取ってくれない可能性があるのです。

　その最たる言葉がこの「さすが」でしょう。多くの人は純粋に評価する言葉として使っていると思いますが、人によってはバカにされているようにすら受け取られてしまうのです。

　他にも、「頭がいいね」「本当に勉強しているね」などという表現も「評価」にあたるので、できるだけ避けたほうがいいでしょう。

　本文にも書きましたが、相手を主語にする「YOU メッセージ」だとどうしても、評価するニュアンスが生まれてしまいます。やはりほめる際には、「I メッセージ」「WE メッセージ」を基本にすべきだと思います。

第7章

トラブルを防ぐ「リスクヘッジ」の言葉

「マズそうな予兆」をどうつかむか

●突然訪れた情報漏洩の危機

私が肝に銘じている言葉があります。それが**「悪い報告ほ
ど、巧遅より拙速に」**。これは、私の大失敗の経験からきて
います。私の部下の部下であった新人が、ある契約書類を間
違って別の会社に送ってしまったのです。

これは本来、あってはならないことで、内容によっては情
報漏洩として大問題になってもおかしくありません。早急に
謝罪に出向き、書類を回収する必要がありますが、その新人
は「先方に破棄してもらったので大丈夫」だと思い込んでい
たのです。

発覚後、私の上司である役員に報告したところ、普段は温
厚な役員にかなり厳しく叱られました。

それですっかり参っていたちょうど同じタイミングで、か
つて JR グループの関連会社の社長をやっていた叔父から 1
冊の本を手渡されました。それが、リスクマネジメントのエ
キスパートとして知られる佐々淳行氏の著書『危機管理のノ
ウハウ』（PHP 文庫）だったのです。

叔父自身、厳重な警戒が必要となる天皇陛下のお召し列車のダイヤを組んだこともある、リスクマネジメントのエキスパートでした。そんな叔父が勧める本書を、私はむさぼるように読みました。

　その中にあった言葉がこの「悪い報告ほど、巧遅より拙速に」だったのです。要するに、**「何か問題が起きたら、その第一報は、詳細はわからずとも迅速に伝えるべし。第二報以降で詳細を追加すればいい」**ということです。

　以後、私はこの言葉をメンバーに何度も強く訴えかけました。その効果もあってか、その後、この契約書の一件ほどの大トラブルには見舞われずにすみました。

●**リスク管理と自主性をどう両立させるか**

　上司にとって、「リスクマネジメント」は非常に重要な仕事です。取引先とのトラブル、環境変化による売上激減、そして企業不祥事……。もし、問題が大きくなる前に把握することができていたら、回避できたものがほとんどでしょう。

　ただ、部下にとってはこうした悪い報告はなかなかしづらいもの。しかも、契約書の一件がまさにそうでしたが、**「本人すらリスクに気づいていない」こともしばしば**です。

　そのような状況の中、上司はどのような「声がけ」でリスクを防ぐべきか。本章で紹介していきましょう。

なんでもすぐに話してくれたら
苦労はしない

「いつでもメールして」

こんな状況が		こう変わる!
✕ 隠れた不正が起こりやすい	→	〇 不正の前兆をあぶり出せる

●「歩き回る」のも立派なリスクヘッジ

「悪い情報ほど早く教えてほしい」というのは上司の切なる願いですが、実際にはそううまくいきません。

それは、部下の立場に立って考えればわかります。悪い報告ほど「怒られるのではないか」「責任を追及されるのではないか」と、なかなか言い出せないからです。

だからこそ、上司は「気になることがあったらいつでも連絡してほしい」というスタンスを取ることが重要ですが、実は、それだけでは不十分。

そこで効果を発揮するのが「いつでもメールして」というひと言なのです。

チームのリスクをヘッジするためにまず、大事なのは**「職場をぶらぶらと歩き回ること」**です。そして、「どう、気になることはない？」などと、メンバーに気軽に声がけをしていきます。

　いくら「いつでも連絡してほしい」と言われていても、やはり直接顔を合わせなくては報告しづらいことはあるものです。

　また、上司の顔が見えたことで、「あの件、念のため報告しておこうかな」と、なんとなく気になっていることを話しておこう、という気にもなります。

　しかし、それでもやはり、悪い報告はなかなか切り出せないもの。だからこそ「何か気になることがあればいつでもメールして」と伝えるのです。「電話でもメールでもチャットでもいいから、何か気になることがあればあとで連絡して」という伝え方でもいいでしょう。

MBWA

「職場をぶらぶらと歩き回る」というのは、実は立派なマネジメント手法です。これを「MBWA」(Management By Walking Around)と呼びます。リンカーン大統領のマネジメント手法から生み出されたといわれています。

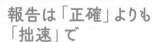

報告は「正確」よりも
「拙速」で

「早く報告してくれれば、
自分を守れる」

こんな状況が	こう変わる！
✕ 部下から悪い報告が上がってこない	◯ 些細な報告が迅速に上がるようになる

● リスクは「火の玉」!?

　リスクヘッジの要諦は「悪い報告ほど、巧遅より拙速に」。これに尽きます。つまり、悪い情報ほど早く投げてもらうよう、いかに部下に伝えるかがカギになります。

　もちろん「悪い情報ほど早く投げて」と折に触れて伝えるのもいいのですが、実際には、**部下は何が悪い情報なのかもわかっていない場合も少なくありません**。p206 で紹介した、契約書を間違えて送ってしまった部下もまさにそうでした。

　なので、言い方を少し工夫しましょう。具体的には「わからないときほど早く投げて」と伝えるのです。

　自分でいい・悪いを判断するのではなく、「わからないこ

と」「なんとなくモヤモヤすること」があれば、すぐに教え
てほしい。そうした意図を伝えるためのひと言です。私も管
理職時代によく使っていたフレーズです。

こんな感じで伝えるといいでしょう。

😊：「報告すべきかどうか、よくわからないときもあるでしょ
　　う。でも、**わからないときほど早く投げてください。
　　早く報告してくれれば、責任は私に移ります。**どんな
　　報告でも、**必ず自分を守ることにつながります**」

ちなみに私は、こんな伝え方もしていました。
「やけどする前に、早く火の玉を投げてほしい」

リスクを「火の玉」にたとえたわけです。より、緊急感が
出たのではないかと思います。

もう１つ大事なのは、こうして**報告してくれた部下に対し
て感謝の意を伝えること**です。それが重要な情報だったとし
てもそうでなかったとしても、「報告してくれて、ありがとう」
と伝える。そのことが、報告しやすい職場を作ります。

部下のトラブル処理は面倒に思うかもしれません。しかし、
これは上司への信頼感を高める絶好の機会でもあります。「部
下を守れる上司」は、いつの時代も理想の上司の必須条件だ
からです。

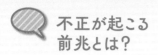

「どうやって
工面しているの？」

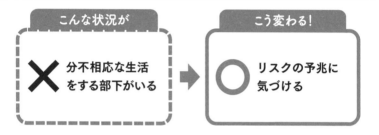

こんな状況が

✕ 分不相応な生活
をする部下がいる

こう変わる！

◯ リスクの予兆に
気づける

●豪遊を繰り返す怪しい部下に、ひと言

　企業不祥事があとを絶ちません。私も仕事柄、多くの人と会ってきましたが、その中には架空請求や不正な取引に手を染め、会社を去っていったような人もいます。

　こうした人を見てきた経験から、「あ、この方、ちょっと危ないかも……」と嗅ぎ分ける力は多少なりとも身についていると自負しています。特に、**「ビッグマウスでありながら、実態が伴っていない人」には注意が必要**です。

　こうした不祥事を未然に防ぐのも上司の仕事ですが、部下に面と向かって「不祥事をしている？」なんて聞けるはずがありませんし、正直に答えてくれるわけもありません。

ここで参考になるのが、公認不正検査士協会の調査結果です。それによれば、「不正が起こる前、85％に前兆となる現象がある」とのことで、その**不正の前兆の第１位は「分不相応な生活」で、なんと全体の４割に上る**そうです。

「しょっちゅう後輩に高い食事をおごっている」「毎日のようにキャバクラで豪遊している」「持っているものが急に豪華になった」……そんな人がいたら、ぜひ使ってほしい言葉があります。それは**「どうやって工面しているの？」**です。問い詰めるというより「単純な好奇心から聞いている」というニュアンスを出すことができるので、聞きやすいのです。

　実はこのセリフは私の実体験に基づいています。

　私の部下に兄貴肌の中堅社員がいて、しょっちゅう後輩を連れまわし、お金も湯水のように使っていました。ただ、さすがに度を超えていると感じたので、雑談のような雰囲気で「どうやって工面しているの？」と聞いてみたのです。

　すると、何度目かに聞いた際に「実は消費者金融で400万円借りている」ことを告白してくれたのです。

　幸い、彼は不正はしていなかったのですが、このまま借金がかさんでいたらどうなっていたか。その後、彼は生活を改め、借金も一気に完済しました。

　部下の不正に気づくことは、会社はもちろん、部下自身を守ることにもつながるのです。

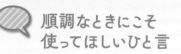

「もし、うまくいかないと すれば」

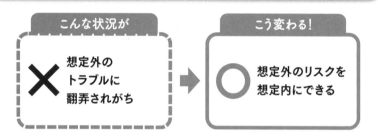

こんな状況が

✕ 想定外の
トラブルに
翻弄されがち

こう変わる！

◯ 想定外のリスクを
想定内にできる

●リスクの芽を引き出しておけば、対処もできる

「仕事はまさかの坂だらけ」といわれるように、予想外のことは常に起こるもの。関係が良好だった取引先が急に怒り出す、受注が確実だった案件が急遽キャンセルになる、社員が一気に大量離職してしまう……。

ただ、**どんな「まさか」にも、前兆は必ずあるものです。**できればそれを事前につかんで、対処しておきたいところです。

そんなときに使ってもらいたい言葉があります。それが、**「もし、うまくいかないとすれば」**という質問です。

具体例で見てみましょう。

:「A社の案件、どんな感じですか？」

:「はい、順調に進んでいます」

:「それはいいですね。でも、もし、うまくいかないとすれば、どんな問題が想定されますか？」

:「うーん……。採用の最終決裁をするのはA社の役員だと聞いていますが、まだ直接はお会いしたことがないんですよね」

:「なるほど、他にはありますか？」

:「先日、A社の今期業績予想は計画に対してマイナスになりそうだという発表がありました。マイナス幅はそれほどでもないようですが、もし、業績がさらに悪化した場合、条件などに見直しが入る可能性があるかもしれません」

　こうして**「リスク要因」を洗い出すことができれば、それに事前に対処しておくことも可能です。**たとえば、「役員との面会アポを取っておく」「A社の業績悪化を想定し、B社にもアプローチしておく」などです。

　普段の会話の中ではもちろん、なんらかのプロジェクトを始動させる際などには、最初の段階でぜひこの質問を繰り返してください。

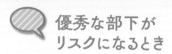

「いつでも休める体制に
なっている?」

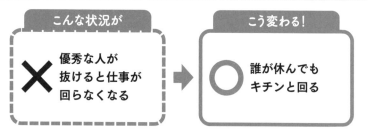

こんな状況が	こう変わる!
✕ 優秀な人が抜けると仕事が回らなくなる	○ 誰が休んでもキチンと回る

● 誰か1人に仕事が集中していませんか?

あなたの職場に「この人がいないと仕事が回らない」というような、優秀な部下はいませんか。

そんな人材がいればとても助かりますが、同時にそれはリスクでもあります。**その人がなんらかの理由でいなくなってしまえば、明日から仕事が成り立たなくなってしまう**からです。

そんなリスクを回避するために、ぜひ使ってもらいたいひと言があります。それが**「いつでも休める体制になっている?」**です。

使い方はこんな感じです。

😎：「相変わらず忙しそうだけど、どうですか？」

🙂：「ちょっとバタバタしていますが、問題ないです」

😎：「**いつでも休める体制になっていますか？**」

🙂：「うーん、すぐには無理ですね。私がやらないとこの案
　　件は進みそうにありませんし……」

　このような答えが出てきたら要注意です。

　ある会社での実話です。その会社にはとても優秀な営業事
務の人がいて、周囲からの評判も抜群でした。

　しかし、あるときその人がインフルエンザにかかってしま
ったのです。しかも、その人はエクセルで独自のマクロを組
んでデータを管理していたため、本人以外では扱うことがで
きず、みんな困り果ててしまいました。

　結局、インフルエンザで高熱があるにもかかわらず、わざ
わざ電話でその人に指示をしてもらったそうです。

　このような事態に陥らないためには、**普段から「サブ担当」
をつけて、業務のやり方を共有してもらっておくこと**です。

　できる人ほどそうしたことを嫌がるかもしれません。しか
し、このように伝え、納得してもらいましょう。

「自分にしかわからない仕事がなくなれば、あなたも安心し
て休めます。ぜひ、いつでも休める体制を作ってください」

「かわいい」「キレイ」は NG。
なるべく中立的な言葉を

「素敵ですね」

こんな状況が		こう変わる!
✕ ハラスメントが恐いので、気軽な会話ができない	→	◯ 異性の部下であっても打ち解けた会話ができる

●自分の中にフィルターを持てるか?

　今やハラスメントの種類は、50 以上にもなるといわれます。「パワハラ」「セクハラ」を筆頭にして、「モラルハラスメント(モラハラ)」「ジェンダーハラスメント(ジェンハラ)」「時短ハラスメント(ジタハラ)」など、あげるとキリがありません。

　中でも、**容姿について触れる言葉はおおむね危険だと思っていたほうがいい**でしょう。「その服、スタイル良く見えるね」「かわいい髪形だね」といった言葉は OK な人もいると思いますが、不快感を持つ人もいます。そうした言葉はなるべく避けるべきです。

「じゃあ、なんて言えばいいのか？」という話ですが、私のお勧めは**「素敵ですね」**です。これなら性的な要素はほとんど感じられませんし、そう言われて嫌な気持になる人もいません。

とはいえ、「素敵な髪形ですね」「素敵な服ですね」という表現すら嫌がる人もいるかもしれません。外見については対象を示さず、単に「素敵ですね」と言うくらいが安全だと思います。

この言葉が便利なのは、外見以外のさまざまなところにも使えることです。

「先週、旅行に行ったのですか。素敵ですね」「そのアイデア、素敵ですね」など。中立的な評価の言葉として使うことができるのです。

ハラスメントについては、多くの人が頭を悩ませていると思います。かつて、自分がかけられてきたような言葉をそのまま部下にかけると、ハラスメントになってしまうからです。

だからこそ、何か声をかけようとする際には、常にこう考えてください。

「今の時代、これはOKかな？」

そして、ちょっとでも懸念があれば言わないようにする。そして、「素敵ですね」といった中立的な言葉に置き換える。このフィルターを持てるかどうかが大事なのです。

★column

「1on1」でメンタルダウンを防ぐ

★「点数で調子を聞く」のがお勧め

「部下のメンタルダウン」は、現代の上司にとって大きなリスクです。

厚生労働省の調査（2021年）によると、メンタル不調で1カ月以上休業・退職した労働者のいる事業所の割合は10.1％だそうです。

つまり、どんな職場でも他人事ではないのです。

部下のメンタル状態を把握しておくためには、p76でも紹介した「点数で尋ねる」方法がお勧めです。

「良い・悪い」ではなく、「点数」で今の調子を表してもらうことで、より具体的に部下の調子を把握することができます。

ここでぜひ皆さんにも実行していただきたいのが「1on1」（ワンオンワン）です。部下と1対1で定期的に話をするというマネジメントの一手法で、近年、多くの企業で採用されています。

この中に「点数で尋ねる」会話を組み込むのです。具体的には、以下のような流れになります。

Step1　軽い雑談（「先週は忙しかった？」など）

Step2　心身の状況を尋ねる（「今の調子は何点くらい？」など）

Step3　良かったことをほめる（「先週、○○をしてくれて

いたね。ありがとう」など）

Step4　部下が気になることを話してもらう（ここがメイン）

　これを 15 〜 30 分で行います。

★「メンタルダウンを出さなかった」が誇り

　こうすることで、定期的に部下の調子を把握することができます。

　前回よりも下がっていたら要注意。特別な関心を払っておく必要があります。

　さらに悪化していくようなら、産業医に面談してもらったり、仕事量を減らしたりなどの対策も必要となってくるでしょう。

　私は、胸を張れるほどに優秀な管理職ではなかったと思いますが、10 年以上、数百人の部下をマネジメントする中で、メンタルダウンした直属の部下を 1 人も出さなかったことは、管理職として誇れることだと思っています。そして、それができたのはまさに、こうした面談のおかげだと確信しています。

　部下のメンタルダウンを完全に防ぐことはできなくても、かなりの程度、予防できる。

　私は、そう信じています。

★ column

伊庭正康 （いば・まさやす）

株式会社らしさラボ代表取締役

1991年、リクルートグループ入社。求人事業の営業に配属。営業としては致命的となる人見知りを、4万件を超える訪問活動を通じ克服。それでもリーダーになるのは避けていたが、ある時リーダーに抜擢されたことから一念発起。当初は「任せ下手」で苦しむも、うまくいっているリーダーの行動を徹底的に観察するなどして、独自かつ効果的な「任せ方」を体得。その結果、プレイヤー部門とマネージャー部門の両部門で年間全国トップ表彰を4回受賞（社内表彰は累計40回以上）。営業部長、㈱フロムエーキャリアの代表取締役など、重要ポストも歴任する。

短期間で成果を出す手法を駆使して「残業しないチーム」を実現したこと、また管理職を務めていた11年間、メンタルダウンする部下や入社3年以内の自主退職者を1人も出さずに済んだことが、ひそかな自慢。

2011年、企業研修を提供する㈱らしさラボを設立。営業リーダー、営業マンのパフォーマンスを飛躍的に向上させるオリジナルの手法（研修＋コーチング）が評判を呼び、年間200回にのぼるセッション（営業研修・営業リーダー研修・コーチング・講演）を自ら行っている。リピート率は9割以上。

Webラーニング「Udemy」でもリーダーシップ、営業スキルなどの講座を提供し、ベストセラーコンテンツとなっている。

著書に、シリーズ20万部超のベストセラーとなった『できるリーダーは、「これ」しかやらない』（PHP研究所）、『やる気ゼロからフローに入る 超・集中ハック』（明日香出版社）、『1分で送る「感じのいい」メール』（KADOKAWA）ほか多数。日本経済新聞、ビジネス誌から女性誌まで、幅広くマスコミでも紹介されている。

※無料メールセミナー（全8回）「らしさラボ無料メールセミナー」
　https://www.rasisalab.com/mailseminar
※YouTube：「研修トレーナー伊庭正康のスキルアップチャンネル」（登録者11万人超）
※Voicy：「1日5分　スキルUPラジオ」放送中

装丁◆小口翔平＋後藤司（tobufune）
本文デザイン・図表◆齋藤稔（株式会社ジーラム）
編集◆吉村健太郎

できるリーダーは、「これ」しか言わない
76のすごい言葉

2023年10月5日　第1版第1刷発行

著　　　者　伊　庭　正　康
発　行　者　永　田　貴　之
発　行　所　株式会社PHP研究所
東京本部　〒135-8137　江東区豊洲5-6-52
　　　　　ビジネス・教養出版部　☎03-3520-9619（編集）
　　　　　普及部　　☎03-3520-9630（販売）
京都本部　〒601-8411　京都市南区西九条北ノ内町11
PHP INTERFACE　　https://www.php.co.jp/
組　　　版　石　澤　義　裕
印　刷　所　　図書印刷株式会社
製　本　所

できるリーダーは、「これ」しかやらない

メンバーが自ら動き出す「任せ方」のコツ

リーダーが「頑張り方」を少し変えるだけで、部下は勝手に頑張り出す！ 部下への〝任せ方〟を知らないばかりに疲れているリーダー必読！

伊庭正康 著

定価 本体一、五〇〇円（税別）